中国高技能人才楷模事迹

（修订版）

人力资源社会保障部教材办公室　编

中国劳动社会保障出版社

图书在版编目（CIP）数据

中国高技能人才楷模事迹 / 人力资源社会保障部教材办公室编 . -- 修订本 . -- 北京：中国劳动社会保障出版社，2022

ISBN 978-7-5167-5403-0

Ⅰ . ①中…　Ⅱ . ①人…　Ⅲ . ①工程技术人员 - 生平事迹 - 中国 - 现代

Ⅳ . ① K826.16

中国版本图书馆 CIP 数据核字（2022）第 101769 号

中国劳动社会保障出版社出版发行

（北京市惠新东街 1 号　邮政编码：100029）

*

保定市中画美凯印刷有限公司印刷装订　　新华书店经销

787 毫米 × 1092 毫米　16 开本　14 印张　185 千字

2022 年 7 月第 1 版　　2022 年 7 月第 2 次印刷

定价：23.00 元

读者服务部电话：（010）64929211/84209101/64921644

营销中心电话：（010）64962347

出版社网址：http://www.class.com.cn

http://jg.class.com.cn

版权专有　　侵权必究

如有印装差错，请与本社联系调换：（010）81211666

我社将与版权执法机关配合，大力打击盗印、销售和使用盗版图书活动，敬请广大读者协助举报，经查实将给予举报者奖励。

举报电话：（010）64954652

前言

大国之路，匠心筑梦。

技能人才特别是高技能人才是工人阶级队伍中的优秀代表，是我国人才队伍的重要组成部分，是支撑中国制造和中国创造的重要力量。截至 2021 年底，全国技能人才总量超过 2 亿人，高技能人才超过 6 000 万人，技能人才占就业人员总量的比例超过 26%，高技能人才占技能人才的比例达到 30%。他们活跃在工厂车间、田间地头和技术攻关一线，成为引领新经济、培育新动能的重要力量，推动着产业强起来、乡村富起来、生态美起来。

党的十八大以来，党中央、国务院高度重视技能人才工作。习近平总书记在 2019 年 9 月对我国技能选手在第 45 届世界技能大赛上取得佳绩作出重要指示时强调，劳动者素质对一个国家、一个民族发展至关重要。技术工人队伍是支撑中国制造、中国创造的重要基础，对推动经济高质量发展具有重要作用。要健全技能人才培养、使用、评价、激励制度，大力发展技工教育，大规模开展职业技能培训，加快培养大批高素质劳动者和技术技能人才。要在全社会弘扬精益求精的工匠精神，激励广大青年走技能成才、技能报国之路。

为弘扬优秀高技能人才精益求精的工匠精神，引导社会各方面关注和加快培养大批高素质劳动者和技术技能人才，激励广大劳动者特别是青年劳动者走技能成才、技能报国之路，2006 年劳动保障部、教育部等七部委决定对王为民等10位中国高技能人才楷模，2010年中央组织部、人力资源社会保障部等十部委决定对王洪军等10位第二批高技能人才楷模，在全国范围内进行宣传。人力资源社会保障部组织编写并出版《中国高技能人才楷模事迹读本》《中国高技能人才楷模事迹读本（第二辑）》，在引导社会各方面关注和支持高技能人才培养工作方面取得了良好的效果。这20位同志都是我国高技能人才队伍中涌现的知识型、技能型、创新型的新时代劳动者代表，他们在平凡的岗位上踏实敬业、潜心钻研、勇攀技能高峰、勇于创新实践、无私传技带徒，用行动报效祖国，推动着技能中国、创新中国不断向着新高度跃升。

我办组织修订的《中国高技能人才楷模事迹》，集中收录了20位高技能人才楷模的优秀事迹和他们的成长经历。我们希望，随着本书的出版，在青年学生和全国广大劳动者中再次掀起学习高技能人才楷模事迹，争走技能成才、技能报国之路的热潮，为深入实施新时代人才强国战略，加快建设世界重要人才中心和创新高地提供坚实基础。

人力资源社会保障部教材办公室

2022年4月

目录

第一批中国高技能人才楷模

第二批中国高技能人才楷模

第一批
中国高技能人才楷模

■“铁人式好工人”王为民

王为民，生前为中国石化胜利油田采油高级技师，全国劳动模范，首届中华技能大奖获得者。坚持刻苦钻研专业知识和技术，取得 30 多项技术革新成果，其中抽油杆防脱器等 5 项成果获得国家专利。技术革新成果广泛应用于石油行业生产实践，取得增产原油、降低成本的重大效益。1997 年 9 月 14 日在进行技术革新试验时，不幸因公殉职。

用生命铺就革新之路
——记“铁人式好工人”王为民

20世纪60年代，中国石油战线出了一位几乎无人不知的劳动模范——铁人王进喜。20世纪90年代，石油战线又出了一位全国劳模——被中国石油天然气总公司授予“铁人式好工人”光荣称号的胜利油田采油高级技师王为民。

1981年，王为民为照顾农村老家年迈的父亲和妻子、孩子，由济南钢铁厂调到胜利油田临盘采油厂三队工作，当了一名电焊工。他以铁人王进喜为榜样，坚持“岗位做主人，奉献为人民”，在平凡的岗位上做出了不平凡的贡献。他紧密结合生产实际，利用业余时间大搞技术革新，先后获得了30多项革新成果，其中有5项成果获得国家专利。1997年9月14日，王为民在油井现场进行技术革新试验时，不幸因公殉职。

在胜利油田工作的十几年里，王为民由普通群众成长为优秀共产党员，由普通工人成长为全国劳动模范，由石油行业的“门外汉”成长为全行业拔尖的高级技师，并于1993年当选为第八届全国人大代表，1995年获得政府技能最高奖——全国首届中华技能大奖。王为民用自己的实际行动和一项项技术革新成果告诉人们，只要有执着追求、顽强拼搏、无私奉献的精神，人人都能在本职岗位上成为技术专家，为国家的现代化建设做出自己的贡献。

执着追求，勇闯革新之路

在济南钢铁厂，王为民是浇铸工。到油田干电焊，这对王为民来说是一个全新的、陌生的工作。但是，不同岗位之间的鸿沟很快就被他用勤奋填平了。

为了尽快掌握电焊技术，白天，他跟着师傅边干边学；晚上，大家都下班了，他一个人躲进工房里偷着练；遇到难题，第二天向师傅请教，晚上自己再练。结果，不到两个月时间，他就能单独顶岗了。

那时，我国实行 8 级工制，第 8 级是最高的技术等级。对于大多数人来说，要达到 8 级工的技术水平，一般需要 10 年甚至更长时间，而王为民达到 8 级焊工的水平只用了 5 年。但是，对于他来说，达到 8 级工不过是一个开端，因为他还有更高的追求。

王为民所在的三队有 13 座计量站和配水间、113 口油井，分布在方圆几十里的庄稼地里。王为民和工友们每天都要到各个计量站和油井进行设备检修。有一次，王为民和工友们在一口油井更换抽油机电动机上的皮带轮，他们发现，由于常年风吹雨淋，皮带轮已锈死在电动机轴上。几个人用撬杠撬、大锤砸，折腾了一上午，才将锈死的皮带轮卸下，换上新的。可是，因为耗时过长，输油管线里的原油凝固了，于是大家又忙着疏通输油管线。结果，从换皮带轮到重新开井，前前后后折腾了好几天，导致原油减产。

其实，皮带轮更换不方便是长期以来一直存在的问题，人们看惯了也就熟视无睹了。可王为民似乎是一个“不安分”的人，他总想着改变现状，找到解决问题的方法，提高生产效率。就是这种要改变现状的想法，使王为民从此走上了一条技术革新的道路。

那段时间，王为民一下班就躲到工房里啃书本、画图样。设计一个接一个，失败也一次接一次，可他从不放弃、从不灰心。经过几个月的反复试验，一个体积小、重量轻、效率高的千斤顶式皮带轮扒轮器终于研制成功了。过去几个人半天扒不下来的皮带轮，用扒轮器几分钟就能完成。

首次革新成功，使王为民深受鼓舞。他随即产生了一连串的革新想法。许多用了几十年的设备和工艺，在他看来都该革新。听说王为民决心搞革新，队里好多人表示怀疑。有的说，一个初中生，能搞出什么革新来；也有好心人相劝，当好电焊工就行了，搞哪门子革新，以为革新容易呀；还有人劝他见好就收。

对于搞革新的难度，王为民不仅想过，而且在研制皮带轮扒轮器的过程中也深有体会。但他想得最多的还是如何像铁人王进喜那样为国家多产石油。用他自己的话说，“当年大庆会战，王铁人抢上第一口油井时，遭的难比咱大多了。‘石油工人一声吼，地球也要抖三抖。’我就喜欢这句话。任何事情都是人干出来的，只要有利于多产石油，不管遇到什么困难，我都要闯一闯。”

搞革新，需要有必要的专业知识。为了充实自己，王为民刻苦学习。当地的图书馆成了他最常去的地方；厂里、局里技术部门和研究院的专家、技术人员，成了他经常请教的老师；工余时间和休息日、节假日，成了他学习的最好时间。到外地出差，他也总忘不了带上专业书，一有空就拿出来学习。

一次，王为民参加油田举办的技师培训班。每天晚上，他都学习到深夜12点以后，早上4点又悄悄地来到教室。起初，看门的老大爷不耐烦，后来被这个爱学习的学员感动了，干脆把教室的钥匙给了他。

知识，总是青睐勤奋者。在几年的时间里，王为民先后自学了《机械制图》《机械设计原理》《材料力学》等专业书籍。用他自己的话说：“越学我才越知道自己需要学习的东西太多了。”

顽强拼搏，创造非凡业绩

当时，我国85%以上的机械采油井都是采用常规的三抽（抽油机、抽油杆和抽油泵）技术采油。由于钢抽油杆在抽油过程中，往往受到多种载荷作用以及磨损和腐蚀，其接箍在长期承受交变、冲击和振动载荷的情况下，极易发生脱扣，甚至断裂。抽油杆脱扣，是原油生产中普遍存在而又一直未能解决的一个难题。据统计，当时我国由于抽油杆失效引起的油井事故约占抽油井事故总数的60%~70%，在一定程度上制约了这种采油方式的进一步发展和扩大应用。那时，临盘采油厂的600多口油井中，每年脱扣的油井就达上百口。抽油杆脱扣，不仅影响原油生产，而且还要花费大量的修井作业费，仅临盘采油厂每年就要花费上百万元。

从1984年开始，王为民就决心研制一种抽油杆防脱器，攻克抽油杆脱扣这个难题。

王为民是怎么研制的呢？一有空，他就到油井上观察。晚上，大家都下班了，他一个人坐在抽油机旁反复思索。饿了，啃几口凉馒头；乏了，就躺在油井旁打个盹儿。通过观察，他发现抽油机上的悬绳器与起重机上的大吊钩有相似之处。联想到在济南钢铁厂工作时，吊着10吨钢包的大吊钩可以进行360° 自由旋转。要是在抽油机的悬绳器上装一个平面轴承，不就可以解决脱扣的问题了吗？

经过3个多月的思索，王为民脑子里有了抽油杆防脱器的雏形，开始绘制简单的图样。宿舍里没有桌子，他把铺盖一卷，床板成了绘图台，工房成了试验室。

一连几天，他画了一张又一张图样。直到有一天，他感到比较满意了，便拿着自己认为最好的一张送到临盘机修厂去加工。可是，当他把图样恭恭敬敬地递给人家看时，对方却皱着眉头说：“老王啊，你画的这叫啥图哟，我们实在没法给你加工。”王为民听了，顿时觉得脸上火辣辣的。可他没有灰心，回去对照着教材找问题，虚心向有关工程技术人员请教。又经过3个月的努力，终于绘制出了合格的图样。

按照图样加工出样机后，厂里选了6口抽油杆经常脱扣的油井让王为民做试验。每天下班后，他放下饭碗就上井观察试验结果。中午时间短，他就跑近处的油井；晚上时间长，他就跑远处的油井。

一天傍晚，王为民骑上自行车到距三队驻地十多公里的1号油井，去看防脱器工作是否正常。走到半路，狂风夹着暴雨袭来。到1号油井有一段两公里的土路，一下雨，土路变成了泥路，王为民顶着大雨艰难地前进。自行车骑不动了，他推着走。后来，泥巴塞满了挡泥板，自行车推不动了，他就索性扛着走。

走到1号油井一看，由于抽油机的皮带打滑，把防脱器的平面轴承损坏了。王为民赶紧把防脱器卸下来，又忍着劳累返回队部，取来新轴承更换。这时已经深夜1点了。这一夜，王为民为观察防脱器试验情况，在泥水里往返跑了几十公里。当他最后一次返回队部时，天已经亮了。

此时，在队部的大门口，正碰上早起进行巡查的队长徐金德。满身泥水的王为民，让与自己朝夕相处的徐金德也难以辨认出来。直到他开口说话了，徐金德才知道面前的这个泥人是王为民。徐金德既心疼又不解地问："哎呀，你这是干啥去了？"弄清情况后，徐金德叫他赶快洗一洗，好好睡一觉。可是，王为民胡乱吃了几口饭，又和工友们一起上班去了。徐金德感慨地说："王为民搞革新，靠的就是这么一股拼劲，实在是难得呀！"

经过一年多的现场试验，三次大的改进，王为民终于研制成功了理想的抽油杆防脱器，并获得了第1项国家专利。

自1988年以来，临盘采油厂在115口油井上都安装了防脱器，至今没有一口油井脱扣，减少了大量的修井作业，每年可节约作业费用上百万元。后来，防脱器还在胜利油田和其他油田被广泛应用。

自己的革新成果获得国家专利并在生产中发挥重要作用，使王为民深受激励。对他来说，这是进取的开端、革新的起点。他说："我是一名石油工人，是国家的主人，油田的主人。搞技术革新，为国家多产石油，是自己义不容辞的责任。我感到身上的担子更重了。"

王为民在现场采集数据

"王为民的革新成果，都是他熬夜熬出来的，拼搏拼出来的。"这句话是三队的领导和同志们的共同结论。王为民也是血肉之躯，为了搞革新，他常常夜以继日地工作，有时连续工作几十个小时，疲劳和困顿是不言而喻的。但为了早日完成项目，王为民把这些统统抛在了脑后，内心只有一个目标，抓紧时间搞成功，早日验证革新成果。如果心里没有对工作的热爱，“忘我”的状态怎能维持？从王为民身上人们看到，爱岗敬业不是一句口号，而是需要舍得为之付出辛劳的行动。

每一项革新成果的研制过程，少则几个月，多则一年或几年。不论时间长短，王为民总是坚持不研制成功不罢休，研制成功了也不罢休，因此他的革新项目总是一项接一项。他革新的硅橡胶安全阀，当加热炉的压力超过额定值时便会自动报警，可以有效地避免屋毁人亡的爆炸事故；他设计的多功能单流阀，不仅防止了光杆断裂和管线破损后的原油倒流，还能监控油井的生产；他研制的抽油机系列防盗技术，被石油行业称为“四把锁”，成为油井设备和原油的“保护神”……

无私奉献，谱写壮丽人生

王为民搞革新之初没有专门的经费，革新所需要的材料，大部分是他从废品堆里捡来的。油田的供应站、运输大队修理车间、当地的废品收购站，都是王为民经常光顾的地方。实在找不到废品代替，他就自己掏钱买。

1984 年秋，王为民在研制齿轮对扣机时，缺少一个特殊齿轮。他跑遍了供应站、废品收购站，都没有找到。想花钱去买，自己手里的钱又不够。于是，他连夜跑回农村家里，动员妻子王玉珍把卖棉花的 300 元钱拿出来。人称贤妻良母的王玉珍，开始虽然有些想不通，第二天一早还是把 300 元钱塞到了丈夫手里。

也许有人不解：王为民咋就那么穷，手上连 300 元钱都没有？平心而论，虽然那时工资低，但要是自己挣钱自家花，王为民也不会连 300 元钱都拿不出来。他的收入，除了用来搞革新外，不少都用来做了社会捐款。

临盘采油厂小学对面是 104 国道，平时车流量很大，为了保证小学生的安全，他花了 2 000 多元给全校 244 名学生每人买了一顶小黄帽。1991 年，

王为民在采油生产一线
安装其发明的永久性盘根

我国南方遭水灾，队里组织捐款，当时王为民正在外地开会，队里替他捐了10元，王为民回来后觉得捐得太少，便动员妻子又到厂工会捐了300元；当他看到街上组织捐款时，又把仅有的50元捐了出去。本队女工赵宝荣的儿子患了白血病，队里组织捐款时，王为民当即捐了身上仅有的150元，接着又把家里省吃俭用下来的1 500元全部捐给了赵宝荣。1995年，王为民被评为总公司特等劳模，获得了6 000元奖金，他把这笔钱全部捐给了当地的太平中学，建立了学生奖励基金……

王为民的经济条件并不好，但他总是尽自己最大的努力去帮助别人。这种行动发自于他的内心，成了他的习惯。在油田工作期间，他先后慷慨捐款3万多元。

考虑到王为民搞革新经常几个月不回家，又是全国劳动模范，厂领导便决定优先将他家从50里外的油田农场搬到采油厂基地，并分给他一套楼房，可王为民说啥也不搬。1990年5月，王为民参加全国劳动模范事迹报告团去了外地。厂领导一合计，趁他不在家，赶快组织人给他搬家。当时，搬家的人开了两辆大卡车，一大早就赶到了王为民的家。可是，进了他家一看，大家都不说话了，用无声的对视表达着一种意想不到的惊奇：圆桌、折叠椅、床，是厂里配发的；一个裂了缝的木箱子是王玉珍当年的嫁妆；唯一值钱的一台18英寸彩电是王为民的父亲用退休金买的。除此之外，再也没有一件像样的家具。全部家当还没装满半卡车。

1995年11月，王为民进京参加中华技能大奖颁奖大会。临行前的晚上，妻子东翻西找，也没找到一件像样的衣服。她含着泪花说："连件好衣服也没有，到了北京，怎么好意思见领导？"王为民安慰她说："只要干干净净就行了。”厂领导也知道王为民不会有好衣服，第二天一大早，厂党委的贾书记来为他送行，并把一件新皮衣披在王为民的身上，关切地说：“北京天气冷，穿上它暖和。”

为了搞革新，王为民平时很少回家，即便过年也是这样。1992 年春节前夕，王为民研制永久性盘根的工作进入攻坚阶段。这个项目是继抽油杆防脱器研制成功后，王为民革新的主攻方向。在油田企业，抽油机需要经常换盘根，如果更换不及时，就容易漏油，可换盘根就得停止生产。为此，王为民想研制一种永久性的抽油机盘根，从根本上解决这个难题。除夕这天下午，王为民继续做着盘根革新的设计。三队指导员专门来劝王为民：“王师傅，回家吧。你已经好几个春节没回家了，这次该回去过个年了。”王为民指了指满屋的图样说：“春节这里安静，我正好抓紧时间把盘根的图样设计出来，不回了。”指导员见软的不行，便硬拖着王为民走出了队部的大院。王为民在大院外边转了一圈，便又溜回工房画起了图样。

大年初一，喜庆的鞭炮声此起彼伏。上午 8 点多，王为民正全神贯注地画着图样，工房的门“吱”的一声被推开了。王为民抬头一看，妻子王玉珍带着两个儿子来给他送饺子了。就这样，春节放假 3 天，王为民在工房里画了 3 天图样，终于完成了永久性盘根图样的设计——又一项具有重要经济价值的国家专利产品在他手中诞生了。

1992 年底的一天，王为民听说厂里很快就要组织石油会战。他想：会战前线条件艰苦，工作紧张，自己应该带头到那里去。他当即向领导提出了参战请求。参加会战半年多，他没有回过一次家。

1993 年 5 月，王为民被聘任为会战前线采油三矿副矿长。当厂领导征求他的意见时，他表示：“我没有工作经验和能力，但如果会战需要我，我豁出命来也要干好。”这次会战，实现了当年开发、当年建成 55 万吨产能、当年回收投资的目标。王为民说：“回想会战的日日夜夜，我心里感到很自豪。”

当了副矿长后，王为民的工作更加繁忙。他每天下午 4 点都要赶回厂里参加生产运行会，开完会后，又立即赶回会战前线。即使这样，他也从没有停下技术革新的步伐。

抽油机耗电多严重影响石油生产，仅胜利油田一年的电费就高达23亿元。王为民决心攻克节电这道难关。

1997年9月10日，王为民匆匆来到厂党委书记办公室说："我要抓紧时间研制抽油机节能器，向党的十五大献礼。"

十几年来，王为民就是这样，在他热爱的岗位上无私奉献着，直至生命的最后一刻。

1997年9月14日，为试验重大革新项目抽油机节能器，王为民一早就出发去运设备。他带着吊车、卡车直奔济阳安全阀门厂，装好设备后已是中午12点了，争分夺秒的王为民当即又带车奔回临盘。途经临邑县城时，他安排9名安装工人留下吃饭，自己则不顾饥饿，先赶回试验现场做安装准备。经过两个多小时的忙碌，抽油机节能器终于安装完毕。为了纠正悬绳器两端的不平衡，王为民边撬动悬绳器边向下方垫钢板。此时不幸发生了，一吨多重的节能器配重箱突然滑落，砸在了王为民身上……

王为民牺牲了。整个油田因为失去他沉浸在巨大的悲痛之中。假如他吃完了饭再干，假如他和其他同志一起干，假如……人们总是用无数的"假如"来表达自己的痛心之情。的确，王为民的牺牲是令人遗憾的，但他的牺牲使人们更深刻地理解了生命的意义。他把自己的全部身心贡献给了祖国的石油事业，用无私奉献谱写出壮丽的人生。一位普普通通的技术工人，在他倒下的大地上为人们树起了一座不倒的丰碑。

王为民牺牲在技术革新的现场。人们都说他像战士牺牲在战场上一样壮烈。英魂已去，精神永存。人们永远不会忘记他，祖国广袤的油田永远记载着他的功绩。

撰稿：刘允海、刘彦国。文前照片由林酮松拍摄，文内照片由胜利石油管理局党委宣传部提供。

主要参考文章

1　徐方明，姜宝宏．好党员王为民．中央人民广播电台，1993年7月5日、6日、7日播出．

2　刘东昌，秦长荣．爱心谱写的亮丽人生——记"铁人式的好工人"王为民[N]．中国石油报，1997-3-21（1）．

■“工人专家”李斌

李斌，上海电气液压气动有限公司加工中心操作高级技师，全国劳动模范，全国五一劳动奖章、中华技能大奖获得者。技工学校毕业生。刻苦钻研数控理论和操作技术，完成技术攻关项目 160 余项，在生产国际先进产品、实施刀具国产化等方面取得重大突破，成为全国机械行业知名的数控技术应用专家。被大学聘为数控机床教授。

从全能技工到应用专家

——记“工人专家”李斌[①]

在上海，有一所上海电气李斌技师学院。

李斌——上海电气液压气动有限公司液压泵厂数控加工工段的一名数控机床调试工。

以普通工人的名字命名一个学院，这在全国还是第一次。2003年揭牌成立时，在上海乃至全国引起了不小的轰动。

走进李斌技师学院的校门，大路两边是四季常绿的龙柏和广玉兰，每当花开的季节，淡淡的幽香飘满宁静的校园。这条中央大道就叫“李斌路”，而两旁的支路分别以上海机电系统的劳模命名。学院是传播知识的神圣殿堂，何以用一名工人的名字来命名？还是让我们先来认识一下这位李斌吧。

技校毕业生—操作工人—数控技师—高级技师—知识型、专家型工人—中华技能大奖获得者—全国十大能工巧匠—全国五一劳动奖章获得者—全国劳动模范—上海师范大学兼职教授。20多年间独立完成技术攻关项目162项，直接参与新产品研发55项。这就是李斌成长的轨迹。

① 2019年2月21日，李斌同志因病医治无效不幸去世。

让我试试

在瑞士一个风景如画的小城，世界上以生产液压泵而著称的德国海卓玛蒂克公司瑞士冯劳尔分公司就坐落在这里。

1986年3月，李斌作为一名机床操作工，以“劳务输出”的名义来到这里接受“技术培训”。

外国的技术是不会轻易让你学去的，更何况合同里写的是从事“劳务”，李斌在那里只能以工人的身份参加劳动，从事最简单的操作，根本无法学到关键技术。

走进车间，李斌最直接的感受就是车床采用数控高新技术后带来的生产高效率，他做梦都想把这些技术学到手。他是聪明的，每当外国工程师调试机床时，他就不显山不露水地默默跟在后面，目不转睛地察看每个步骤、每项程序的输入、每种刀具的选用，甚至每个动作手势……到了晚上，别人都到河畔漫步，欣赏美丽的夜景，他却在宿舍里像“过电影”一样，把白天所见的一切回忆出来，记在本子上，进行整理分析，捕捉技术要点，再连成工艺路线，形成自己的知识网络。

回国时，他的行李箱中没有瑞士的钟表，没有瑞士的咖啡，甚至连一张瑞士旅游景点的风景照片也没有，满满装着的是“淘”来的技术书籍，还有厚厚四大本数控机床编程调试资料。

液压泵的零件大多是用车床一刀一刀切削出来的。对传统车床操作工来说，既要保证加工精度又要保证一定的生产效率是非常困难的。但数控车床就不一样了，只要技术人员事先将加工参数输入计算机，车床就会自动保证你所需要的加工精度，生产效率也大大提高。这种金属切削技术在发达国家20世纪70年代就开始普遍运用，但在我国，直到20世纪末，才逐步在一些大型企业和高新技术企业运用。我们的技术落后了，而别人的技术还在不断地进步。

1989年，李斌第二次踏上了瑞士的土地。

这是一个闷热的夏天，下班的汽笛已经拉响，车间负责人突然满头大汗奔进车间。这个平素傲慢的德国人一改矜持的态度，弯腰曲背地向大家比画着手里的图样。李斌明白了，原来是公司许多技术工人度假去了，却接到一批复杂零件的加工活，必须立即开工。平常公司为了保密，规定不许国外劳务人员，特别是中国工人接触数控机床的秘密——加工程序的编制和调试。但此刻火烧眉毛，谁来编程调试呢？

正当众人你看我，我瞧你，面面相觑时，李斌说：“先生，能不能让我试试？”

“你？”德国人看了看李斌，他的印象中，这个中国人除了憨厚勤快、工作一丝不苟外，好像和编程就没有一点儿关系，但此时没有别的选择，他只能无奈地点点头。

李斌从容地铺开图样，在四周惊异的目光下，低头计算，不一会儿就制定了这批零件的加工工艺。接着，他又编好数控程序，随后挑选刀具，按动电钮。随着一阵机器轰鸣，生产加工开始了。经过测试，加工的零件完全符合要求，德国负责人连声高呼：“OK！OK！”在场的中国同事也欢呼起来。

李斌自己也兴奋不已。虽然他一直在做调试数控机床的技术准备，却没想到第一次调试竟然是在远离祖国的异域他乡。两次出国，白天用心学，晚上“过电影”，今天终于派上了用场。

第二天，德国海卓玛蒂克公司瑞士冯劳尔分公司宣布了一项特殊的任命：一位叫李斌的中国工人成为该公司有史以来第一位有权调试数控机床的亚洲人。

李斌第一次说“让我试试”是在 8 年前，那时他刚满 21 岁。

1960 年，李斌出生在上海一个普通的工人家庭。他的学生时代，恰逢“文化大革命”，虽然学校还能正常上课，学习却没有多少压力，对于今天的孩子来说，那时读书真是太轻松啦！然而这种“轻松”却使这代人在以后的岁月中付出了沉重的代价。

1977 年，高考制度恢复，李斌报考上海机械学院，然而考试成绩比录取分数线低一点点，他落榜了。对于几乎没有受过系统基础教育的李斌来说，能够考到接近录取分数线的成绩已经很不容易了。1978 年 7 月，他怀着当好一名工人的朴素愿望考进上海液压泵厂技工学校。

1980 年 12 月，李斌毕业了，学的是车工，却被分配到上海液压泵厂二车间铣床组当学徒。对李斌来说，这等于是从头开始，但他此时的心里只认准了一个字："学！"

一次，一批零件的加工精度特别高，师傅说只能让机器以较低的转速进行加工，李斌在师傅身边看着看着，突然对师傅说："让我试试。把加工转速提高一挡，是不是也可以保证现有的加工精度？"正巧车间通知师傅开会，临走时师傅还是关照李斌必须按照现在的转速加工，否则精度就难以保证。

李斌只用慢速加工了一个零件，第二个零件就采用提高一挡的转速加工。待师傅开会回来，他已经将三个零件加工完毕。师傅在惊讶之余，没有恼怒，而是将零件一一测量，结果完全符合要求。

这就是李斌的第一次"让我试试"。从此，"让我试试"就成了李斌厚积薄发、胸有成竹、一试身手的代名词。"让我试试"不仅仅是李斌的一句口头禅，它还蕴含着极其丰富的内涵。上海液压泵厂原厂长俞云飞感慨地说："有一个这样的李斌，工厂就可以起步，有 10 个这样的李斌，工厂就可以起飞。"上海市总工会领导在表彰会上说："李斌的精神告诉我们，在这个新时代，我们究竟该怎样做一个工人。"

点铁成金

原坐落在上海西北角的上海液压泵厂，创建于 1946 年，1964 年开始研制液压泵，两年后就能够为军工重点项目生产液压系统装置，在 20 世纪曾经创造过许多辉煌。作为一家老国企，上海液压泵厂几十年来演绎的是传统的金属切削加工的全部模式——在油漆剥落一层又重新刷上一层的老式机床上，一人一刀一件。到了李斌进厂的时候，曾经的辉煌已经开始失色：人才青黄不接，设备极度老化，效益急剧下滑。而正是这种失色，使企业有了再创辉煌的决心。传统的老式机床和先进的数控机床的对接，正好见证了李斌的成长轨迹。

李斌整整当了3年学徒，先后干过铣、车、磨、刨等多个工种，难得的是，他学一样，钻一样，爱一样，精一样。他成了企业金属加工技术骨干，并在行业中博得了“全能型工人”的美名。但一次一位客户的话无意间深深地刺激了他：“我们出口的高档机器，被人家拆去你们厂生产的液压泵，换上德国泵，立刻就能以高于原价几倍的价格出手。”他强烈地感到，自己这个所谓的“全能型工人”，在国际最先进的技术设备面前还仅仅是个蹒跚学步的孩子。工厂领导也意识到了这一点，经过周密的论证，工厂于1983年开始引进德国海卓玛蒂克公司的关键设备和生产技术，这在国内是比较早的，这也正好给了初出茅庐的李斌一个崭新的舞台。

李斌知道，对世界最先进的设备和技术的掌握没有基础理论知识是不行的。于是，他先是报考了上海电视大学机械制造与工艺专业，随后向工业自动化控制专业进军。一本《C语言》，开启了他通向“数控”殿堂的大门……他终于积累了能够在数控领域说“让我试试”的足够“资本”。

厂里引进的一台数控加工中心，可谓“劳苦功高”，既要对各种不同的零件进行精密加工，还要经常加班加点。可能是“辛劳过度”，操作工人发现它“病”了，工作时常会出现轴向定位尺寸误差，此“病”是数控加工中心的大忌，轻者使零件的加工精度下降，重者造成加工零件批量报废，甚至毁坏设备。

工厂请来了设备制造厂商办事处负责技术和维修的“老外”进行检修。外方工程师来厂后神秘兮兮，花了大半天的时间，最终换了一个叫“磁性光栅”的器件，要价1万美元。可加工中心运行不到两天，老问题又重新出现。再与厂商办事处联系，回答是只能再次更换磁性光栅，对方又开出1万美元的高价。

付了钱，却解决不了问题。看着一些零件的加工精度不断下降以及设备潜在的危险，李斌心急如焚。“会不会是受环境因素的影响?”一个念头从他脑海中闪过。于是，李斌开始观察磁性光栅的工作环境，果然问题被发现了：在加工时，有细微的铁屑乃至灰尘钻过了加工中心已设置的挡板，进入了设备内部，被磁性光栅吸附后，使数控系统出现错误确认。"病症"找到了，李斌在原有挡板的基础上，又为磁性光栅增加了一个铁制的防尘保护装置。从此，困扰加工中心的误差问题迎刃而解。

"铁"和"金"的价值有天壤之别。但在李斌的手中，巧用了"铁板"，得到的却是被省下的"美元"和技术创新！李斌这样"点铁成金"的故事还有许多。

厂里有一种产品叫斜轴泵，它的"球窝"加工质量一直是制约该产品质量升级的瓶颈。为了尽快改变这一现状，厂里决定投入近 70 万元订购一台"球窝"加工专机，订购合同的意向书已签订，只是由于对方的交货周期太长，远水救不了近火，因此正式合同一时无法签下。这时厂长想起了"躺"在仓库里的一台 20 世纪 80 年代从德国引进的二手设备——球窝铣机，由于该设备故障严重，经多次调试不成功，只能被打入"冷宫"，"一躺"就是十几年。是否有修复的可能呢？带着这个想法，厂长去找李斌。李斌兴奋地说："这两天我也正在考虑这个问题，干脆把任务交给我吧。"

有了李斌的请战，厂长立刻改变了原定的"买机"方案，开始实施"修机"方案，并组成以李斌为首的专修小组，在人力、物力上给予全力支持。李斌带领专修小组的同志，全身心地投入到这场战斗中，从故障诊断到修理，从刀具设计加工到调试，李斌样样亲自动手；查资料、编程序，反复琢磨研究，多次修改调试。功夫不负有心人，经过 3 个多月的日夜奋战，凭着李斌高超的"医疗"技能和专修小组成员的忘我工作，"死机"终于复活了。这台球窝铣机的修复成功，不仅为企业节省了购买机床的大笔资金，还大大提高了机床的加工效率，使每根主轴球窝的加工时间由原来的 45 分钟缩短到 15 分钟。

蓝色旋风

1989年末，上海液压泵厂第一次引进了2CNC数控机床。对高新技术保密是国际竞争中的常规。李斌围绕这台神秘的机床转了又转，看了又看，摸了又摸，终于忍不住了，他决意要给“洋机”解密，进而加以改造升级。

2CNC数控机床上有一个专用弹簧夹头，这个“喉咙”对“喂进”的棒料外径尺寸的误差只允许在两三根头发丝粗的范围内，以致费工费时，效率不高。这也成为制约加工功能的主要因素。

找到了问题的症结，李斌将全部心思扎进数控机床内，从汽缸、油泵到夹具一一研究起来。他拆下弹簧夹头，重新设计伸缩自如、开合范围大的软爪夹具替代弹簧夹头，然后利用原有气阀管路供气。紧接着他又调整机床内汽缸、泵阀的进出口位置。几次调试下来，效果出来了，粗粗细细的棒料自如地送进机床自动夹紧。“洋机”的细“喉咙”变粗了。接着再输入自己编制的加工程序，李斌期望的效果终于出现了——这台名字叫2CNC的数控机床加工范围从1个品种一下扩大到12个品种，24种零件。随后他又对车刀进行改革，使一次成型割刀从原来做60只零件就要换刀，增加到一次做700只才需换刀，工效足足提高了十多倍。

1992年，上海液压泵厂在资金十分紧缺的情况下，又花了100多万元巨资买回一台特劳伯TNS-42数控机床。生产厂家派来的工程师随即进行调试。几天过去，机床虽然达到外商的出厂标准，却总是达不到本厂要求的加工标准。最后这位工程师只能说声“抱歉”，无奈地走了。这也就意味着这台机床的功能受到限制。难道花巨资买回的“贵族机床”就只能加工少数几种零件？一连三天，李斌对着机床苦思冥想，反反复复编制修改程序，终于有了方

李斌在数控机床上调试程序

案，于是向厂长请命。厂长给了他充分的信任："你大胆去试吧！"

经过思考论证，李斌决定把主轴七孔球窝的加工作为攻关对象。在一个扁圆盘表面上，要使7个球窝的大小、深浅、同心度的相对位置误差不超过一根头发丝的1/3，其难度可想而知。李斌一头扎进图书馆，翻阅了大量国内外资料，不知画了多少张草图，做过多少次计算和试验，也不知熬了多少个不眠之夜，最后采用了"孙行者钻进铁扇公主肚子里"的办法，设计出一副埋入式偏心夹具，自制了一把特殊刀具，编制增设了一套新的加工程序，七孔球窝盘状零件终于在这台数控机床上加工出来了！原来"工作感情"专一的机床在李斌的改造下，成了一台"全能型"机床。

1996年初夏，上海液压泵厂浦东基地建设项目进入了最后冲刺阶段。李斌和他的突击队员，这些身穿蓝色工作服的人们在液压基地穿梭往来，昼夜工作。在液压基地，李斌既干重活，又干难活。几天的忙碌，工作服上已经分不清哪儿是汗渍，哪儿是油污。

调试中，斯坦纳加工中心的冷却液变质了，调冷却液是个又苦又脏又累的活。李斌对国外机床冷却液有过敏反应，橡皮膏经常贴得左一块、右一块的，但他却毫不迟疑地干了起来。他先用手握泵将变质的冷却液抽净，然后再将手伸进去把四壁揩干，接着注入新的冷却液，再抽……通过往复式工作，为一台加工中心"吐故纳新"，整整抽注了3吨冷却液。

无巧不成书。就在设备调试的节骨眼上，有一台进口的关键设备的钻头磨损了。如果等待进口，肯定耽误工期。时间紧迫，钻头的精度要求又很高，为了解燃眉之急，李斌二话没说，心急火燎地从浦东赶到浦西，再赶到刃具厂……等李斌再赶回浦东，把钻头安装调试完毕，已经是凌晨一两点钟了。难关攻克了，李斌疲惫的脸上露出了成功的笑容，悬着的心总算放了下来。

这一切，都没有瞒过一个人的眼睛，他站在厂房的制高点上已经仔细观察了好几天。这天，他终于按捺不住，走到李斌的面前，神情专注地说："尊敬的先生，只要你愿意，我愿出重金聘请。"说这话的是来上海考察的美国萨澳公司总裁格拉斯基先生。看着这位身着蓝色工作服的年轻中国工人，他的话语带着几分激动。蓝色，上海液压泵厂的标志色；“蓝领”，生产工人的代称。穿着蓝色工作服的李斌和他的同事们在这位外国公司总裁的心里刮起了一股蓝色旋风，这是对李斌和他的同事们的赞叹，更是对掌握了高新技术的工人在生产中的价值的认同。

超级刀迷

数控技术是由工艺、编程、电气、刀具这四大要素组成的，俗话说，好钢要用在刀刃上，可见刀的重要性。数控机床最终是要靠刀具执行指令来完成任务的。刀具和附件，往往要占一台数控机床价格的40%~50%。刀具如此重要，李斌当然不肯轻易放过这个领域，自然也就成了一个“发烧级”的刀具迷。

引进国外的数控机床，配置的刀具品种、数量有限；有的刀具使用范围很小，只能用来加工特殊零件。要想让精密的数控车床发挥应有的功能，就必须研制符合自己需要的刀具。

柱塞筒是斜轴泵的关键部件，过去采用成型刀具一次切削内腔半球面的办法加工。这种刀具很难磨，加工效果也不理想。李斌经过研究，认为采用数控机床纵横轨迹走刀形成的圆弧可以达到加工要求，但必须要有特殊的刀具，这种刀具既要能在柱塞筒内腔很小的空间内完成几个“规定动作”，又不能因刀杆长而患上“软骨病”。李斌认真推敲，综合运用车、磨、铣、钻工艺，设计出一款镗刀。“洋”机器配上新刀具后，柱塞筒内球面加工精度提高了两个等级，加工过程节省了两道工序，一个多小时就可以完成原来一天的工作量。经过专家评审，李斌研制的这款镗刀获得了“上海市职工十大绝技高招”荣誉称号。

进口的数控机床大多采用进口刀具，价格十分昂贵，在激烈的市场竞争中，企业实在难以承受。李斌就寻思如何用国产刀具取代。他利用业余时间潜心研究，寻找国产材料中最适合制作刀具的材料。通过试验，他发现只要材质对头，国产刀具完全可以与进口刀具媲美。不过，一般市场上的刀具虽说外形上差别不大，但对加工精度很高的液压元件来说不能有毫厘之差。李斌为了选到合适的刀具，每逢星期天，一大早就带了量具出门，跑遍了上海各个角落，终于从一家不大的商店里寻觅到了他所需要的刀具，不仅价格便宜，而且回去一试，使用效果比进口的还好，他高兴得差点跳起来。

李斌每次选购刀具都是精挑细选，比人家买大件商品还仔细。有一次营业员不耐烦了，说："朋友，你大概是个体户吧！买刀具哪有像你这样挑的，又不是金刚钻。"李斌憨厚地笑笑说："厂里也不容易啊，既要节约成本，又要达到加工精度，只好多费点工夫了。"后来，营业员从报纸上无意中了解到了这位买刀人就是上海赫赫有名的劳动模范李斌，深深地为他的敬业精神所感动，李斌再去买刀时，他不但搬出更多的刀具让他挑选，有时还主动提供刀具信息，如果遇到李斌工作忙，就免费将刀具送上门去。

一次，厂里接到了一份国家专用液压产品订单。这个产品的外壳长 300 毫米，宽 260 毫米，高 140 毫米，大小像一个小型的家用微波炉。在这么一小块地方的 6 个截面上，要钻大大小小的圆孔 105 个，深深浅浅的槽子 12 道，集中了铣、车、镗、钻、铰等多道工序，而且各加工部位之间的位置精度和尺寸精度误差要求在 0.02 毫米（相当于一根头发丝的 1/4）以内。厂技术科没有现成资料可借鉴，一时也无人能承担这个任务，李斌就把任务接了下来。他白天在车间解决正在生产的其他产品的技术、设备等问题，下班后，就把图样带回家中，反复思考。经测算，整个生产过程仅各种刀具就需要 78 把，其中 14 把市面上根本就没有，必须自己做。另外，还需要自制工装夹具两套，完成全部工序的数控程序编制等。

李斌开始了一次全新的攻关——这是一次全能的攻关。一项项设计、一件件制作，在李斌的带领下，攻关有条不紊地开展起来：编程完成；夹具做好；14 把刀具困扰着李斌，但最终还是被攻克了……

在又一个春节到来之际，一台数控加工中心、一台数控铣床率先开始试运转，经过日夜调试，产品的外壳加工已不存在技术障碍。大年初三一过，李斌工段的几台主要数控机床就全部开动了起来。

李斌提前完成了壳体加工任务。不但产品质量在有关方验收时得到高度肯定，而且厂里还因此增加了一份新的工艺标准文件。

多年来，李斌自行研制、打磨刀具184把，原先液压泵厂两台数控机床一年刀具就要耗资18万元，用国产刀具取代进口刀具后，7台数控机床一年仅耗资10万元；而同行业一家规模相当的企业每年购买刀具的资金就达到70万~80万美元。仅此一项，李斌就为企业节约成本1 500万元以上。

工人教授

李斌出名了，成了一名闻名遐迩的数控技术应用专家。这都源自李斌一个极为自然而又“超前”的理念，那就是：学习，学习，再学习。

1998年9月，李斌经过在上海电大大专3年的学习，以优异成绩毕业，接着又考进了上海市第二工业大学工业自动化控制专业攻读本科。为了不影响工作，他选择了每周两个晚上和一个休息日的课程。每到上课日，他下了班，要赶十几公里路程到学校。学习，成为他生活的重要部分。3年大专、3年本科的学习，为李斌奠定了扎实的专业知识功底。

为了掌握世界上最新的数控技术成果，李斌以顽强的毅力学起了英语。要掌握最起码的4 000多个专业词汇量，对英语知识几乎为零的李斌来说谈何容易，但他硬是攻克了。为了检验自己的英语水平，他参加了全国统一命题的英语等级考试，成绩超过了85分——“弱项”变成了“强项”。通过刻苦学习，李斌能直接阅读英文资料，从中了解当代最新的数控技术及其发展方向，这为他能始终走在当代数控技术最前沿打下了坚实的基础。

“终身学习”是20世纪末才在我国推广的一种教育理念，但李斌早就认识到了终身学习的重要意义。他喜“新”：《数控技术手册》《加工中心的技术和维修》《数控编程》这些专业书籍刚一面世，就被他搜罗起来，悉心研究；他念“旧”：瑞士学成归来的资料和书籍一直被他奉为至宝，学习的第一本程序设计教材《C语言》始终让他津津乐道。在他的书目中，技术入门书籍被排成了一个序列，见证了李斌的学习和专业技术成长的整个历程。李斌说：

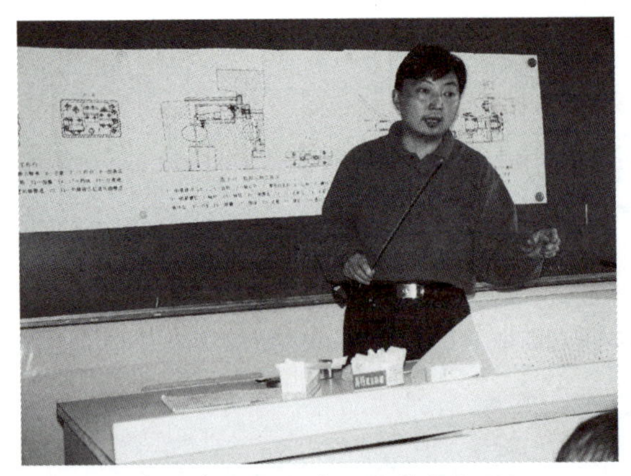
李斌在为技师学院的学生授课

“虽然有些书籍出版较早，但却是最新技术的基础，每次阅读，都会从中获得新的感受，这些基础知识不仅能时常指导现在的工作，更重要的是能在思维方法上给我新的启发。”

李斌常把自己比喻成徜徉于学海中的一叶扁舟，在孜孜不倦的探索中，学习的成果正发生着变化：知识的积淀由浅入深，知识的运用不断推陈出新。李斌的可贵之处在于，他十分注重把自己学到的知识因地制宜、因时制宜、及时有效地运用到实际工作中去。

几十年不断地坚持学习，使李斌实现了由一名操作型工人到知识型工人，再到专家型工人的飞跃。他在学习上实现了“三个转变”：由“强化式”学习向“储备式”学习的转变；由组织培养为主向自我提高为主的转变；由以适应、满足岗位要求为目的向以服务并促进企业战略发展为目的的转变。学习的视野也由最初的“岗位需要什么我就学什么，企业需要什么我就补什么”，发展为“数控技术有什么我就学什么，数控技术发展到哪里我就跟踪到哪里”。

2004 年 6 月 16 日，李斌接过上海师范大学的聘书，成为该校一名兼职教授。一线工人当教授，不但轰动了上海，在全国也引起了一番激烈的争论：工人能当大学教授吗？

“其实这是一个不用争论的问题，”上海师范大学党委书记说，“李斌所讲的第一课，就是工人如何一线成才，学生们一次次报以热烈的掌声。”

在上海师范大学的教授名录上，李斌的编号为 470。

质朴本色

1992年，当李斌第一次成为上海市劳动模范时，他就有了一个朴素的想法：劳动模范要做得比别人多，做得比别人好，要用自己的劳动为企业、为社会创造更多的价值。

在上海液压泵厂流传着这样的故事：

1998年在上海市第十一届人民代表大会上，李斌被推选为大会主席团成员。那天，主席团开会到很晚。会后，会务组派车送他回家，途中他却要求司机把他送回厂里。司机不解地问：“都深夜了，到厂里去做啥？”他说：“厂里这几天正好有一批精密零件在加工，我放心不下，今天开了一整天的会，只能晚上加班了。”司机说：“你既不是老总，又不是书记，厂里的事有啥放心不下的。”他说：“零件要保质保量做出来，数控设备必须正常运转，回厂看看，我心里踏实。”

李斌常说：“我是一线生产工人，在一线劳动是我的本分。企业给了我舞台，给了我荣誉，我只有将自己的劳动、自己的智慧奉献给企业，才能真正实现自己的人生价值。”

面对出国培训期间国外企业的诚意挽留，以及不少外资企业的高薪聘请等种种诱惑，李斌都不为所动。他说：“劳模的价值不是仅仅用薪水的多少就能衡量的，劳模的价值也不是仅靠一个人的成绩就能体现的。”劳模的使命感激励着他竭尽全力带好自己的班组，带动整个车间，共同为企业的发展贡献力量。他结合企业实际，自编教材开展技术培训，讲基础理论，讲实际操作，带领班组全体成员一年一个层次，逐年提高技术水平。李斌把自己辛勤努力的技术成果无偿地共享给自己的同事，这需要一种怎样的精神境界啊！正是在这种精神的感召下，李斌所在班组学习技术气氛热烈，“比学赶帮”蔚然成风——先后涌现了几位市级劳模和电气系统先进生产者及市新长征突击手；班组也获得了市红旗班组、市模范集体、全国先进班组等光荣称号和全国五一劳动奖章。

肯吃别人不能吃的苦，肯钻别人钻不进的技术，肯动别人不愿动的脑筋，肯牺牲别人不愿牺牲的业余时间，肯舍弃别人不能舍弃的利益，肯奉献别人无法奉献的一切——这就是李斌——一个劳动模范质朴的本色。

2004 年 5 月 18 日，李斌以一个普通中国工人、上海液压泵厂数控机床调试工的身份，走上上海国际会议中心国际厅的讲台。他以饱满的激情，作了题为“做一个适应现代化建设的知识工人”的报告，向人们讲述了自己不平凡的经历，敞开了他在知识经济时代，为什么要当一个技术工人，怎样当好技术工人的心路历程。他为大家所敬佩、所折服。人们从他的身上感悟到一名当代知识工人的时代价值和人生追求。

李斌，不仅仅是一个名字，他是新一代知识型技术工人的杰出代表。他身上既有传统劳模吃苦耐劳、苦干实干的精神，又有新时期知识化、高技能的时代特征，体现着现代工业发展对当代工人的基本要求。

“做工人理当敬业，当主人就应奉献。”李斌式的工人队伍正在壮大起来，形成了“李斌的事迹在传扬，李斌的旗帜在飘扬，李斌的精神在发扬”的生动局面。

撰稿：宦平。文前照片由陈松拍摄，文内照片由冯克华拍摄。

主要参考文章

陈心豪，惜珍．工人专家李斌［M］．北京：中国工人出版社，2004.

■“模具新秀”李凯军

李凯军，中国第一汽车集团公司铸造公司模具钳工高级技师，全国五一劳动奖章、中华技能大奖获得者。技工学校毕业生。刻苦钻研模具制造专业知识，练就高超的钳工技术，加工制造了数百种优质模具，尤其是出色完成了重型车变速箱壳体等高难度压铸模具的制造，在我国高、精、尖复杂模具加工方面独具特色。

用技能铸就辉煌
——记“模具新秀”李凯军

提起中国第一汽车集团公司的奥迪、红旗、捷达牌小轿车，人们都不陌生。在这些名牌轿车上，有许多加工难度大、加工工艺复杂、加工精度要求高的关键性零部件，都和一个名叫李凯军的人制造的模具有关。一项项硬功让人折服，一项项绝活令人赞叹。夸赞的人多了，他渐渐地出了名，被国内的同行们誉为“模具新秀”。

岗位成才——功夫不负有心人

1989 年 7 月，李凯军毕业于中国一汽技工学校维修钳工专业，被分配到一汽集团公司所属的铸造有限公司铸造模具厂，当了一名模具钳工。

从学校走进工厂，李凯军把这重要的一步作为学习技能、苦练硬功的新起点。当时，李凯军只有一个念头：学好本领，干好工作，做一名有出息的工人。想法虽普通，但折射出来的是他岗位成才的志向。

从上班的第一天开始，李凯军就用实际行动注解着“岗位成才”的含义。为了尽快掌握模具制造钳工应该具备的技能，能够独立进行工作，他把工作的过程变成向实践学习、向师傅学习的过程。

模具制造涉及车、钳、铣、刨、镗、电焊等技术。只有全面掌握了这些技术，工作起来才能融会贯通、得心应手。面对这么多要学的东西，李凯军充分利用每一分钟的时间，一项一项地去攻关。有关的书籍、资料，他学了一遍又一遍。他觉得这样的生活更丰富、更有意义。他对自己的要求是：理论上要弄通，操作上要练精。

电火花加工技术是通过工件和工具电极间的放电而对工件材料进行加工的复杂技术。修电极是学习掌握电火花加工技术的最好机会。每次修电极，他都站到电火花加工设备旁，聚精会神地观看师傅的操作手法和过程。遇到不明白的问题，他从不放过，非问个明白不可。心里明白了，不等于干起来也明白。李凯军问过之后，总是利用晚上大家下班后设备空闲的时间，反复进行操作练习。一个晚上练不熟，就练几个晚上，直到熟练掌握为止。工友们知道他常常加班苦练技术，称赞他的技术是"加班抢来的"。李凯军自己说："勤能补缺、勤能补笨、勤能生巧，学技术没有捷径可走。"

俗话说，功夫不负有心人。没日没夜地勤学苦练，使李凯军的技术得到了全面提高。入厂仅 7 个月，他就独立完成了 CA141 发动机盖板模具的制造。这套模具技术要求高，尺寸误差小，就连一些老师傅也都认为这是一项难干的活。当这件模具摆在工厂质量检查员的面前时，大家都为他的精湛技艺而惊叹。经过严格检验，该模具被定为一等品。

1992 年，李凯军还打破了模具装配的传统平装工艺，创造出了模具"竖装法"。这种工艺方法不仅定位准确、加工速度快，而且还解决了平装工艺容易造成的模具损坏和人员伤害等难题，提高工效 10 倍。李凯军所说的"勤能生巧"，在这里得到了充分体现。与此同时，李凯军的车、铣、刨、镗、电焊等技术也都达到了较高的水平。

2000 年 4 月，李凯军代表一汽集团公司赴江苏无锡柴油机厂进行技能表演。他表演的项目是用手工方法，把一个圆球锉削成一个正十二面体。表演的工艺技术要求之高，可从下面 3 条近乎苛刻的量化标准中看出：一是要求这个正十二面体，每条边的尺寸精度都要达到 0.01 毫米；二是所有相邻面的夹角度数必须一样；三是抛光后表面粗糙度要达到 0.2 微米，看起来就像镜面一样。

专家、领导和观众都在注视着，不少人为李凯军的成败捏一把汗。当他得心应手的表演结束后，在场的人无不发出由衷的赞叹。无锡柴油机厂的领导指着加工后的正十二面体说：“这简直是一件工艺品，我们要把它作为教育青年技术工人学习技术的教材永久保存。”

精湛技艺——五尺钳台做奉献

一个现代企业的工人，他的贡献是同他掌握的知识、技能和爱岗敬业精神紧密地联系在一起的。李凯军说得好：“只有在技术上精益求精，扎实工作，爱岗敬业，制造出优质产品，才能为国家做出应有的贡献。”

1997 年，一汽集团公司为树立民族工业品牌，拉开了国产化红旗轿车工程的序幕。李凯军承担了小红旗轿车连接板、前标、机油滤清器底座等模具的制造任务。其中，小红旗轿车的前标是品牌的象征。该压铸模具曾在国内几家模具厂订货试制，因为加工难度太大，这些厂家都先后退出了合作。最后，一汽集团公司把这一艰巨任务交给了自己的铸造模具厂，厂领导又把任务交给了李凯军。

接受任务后，李凯军经过反复琢磨，自制了多种加工工具，如圆形小冲头、精细研磨片杆、特型錾子等，使数控机床无法加工的死角有了专用工具。接着，经过论证，他又解决了该前标压铸模具最大的难点——双面凸型角度的把握。在加工制造时，由于这种模具钢硬度过高，他花了几天的工夫，用砂轮一点一点地磨，用扁铲一点一点地铲，硬是在斜面上按照工艺要求开出了

一汽集团公司研制开发的红旗高级礼宾车

一个半圆槽。在他的精心磨制和调试下，组装后的模具完全符合工艺尺寸要求，一次调试成功，犹如一件造型精美的工艺品。模具厂的工友们说，这件前标模具来自李凯军的精湛技艺，也凝聚着他爱岗敬业、甘于奉献的高尚精神。

奥迪 A4 是一汽－大众公司的主打产品，其中的发动机点火线圈支架由东方压铸有限公司承制。造汽车，模具先行。为定做点火线圈支架压铸模具，这个在国内压铸行业被称为“小巨人”的企业，到南方沿海城市转了一大圈，找了许多模具厂家，都没人敢接这个棘手的活。经多方打听，他们得知一汽有个李凯军，压铸模具活干得很漂亮，于是便抱着试试看的想法，找到了一汽的压铸模具厂。制造过程中，对方不放心，一遍遍地前来查看，生怕李凯军完不成这项任务。有一次，东方压铸有限公司的人前来查看进展情况时，正赶上李凯军在抠一个只有拇指大的、类似体育场弯道形状的“半圆搭子”。这是一个机械加工死角，又偏偏是在石墨本体上加工，只能凭操作者对实物的理解和一手钳工绝活来实现。结果，李凯军凭着精湛的技艺，圆满完成了点火线圈支架压铸模具的制造任务，给了对方一个惊喜。对方前来查看的人当场连声说：“这套模具我们另加 1 万元。以后我们的活，还让这个小伙子干。”果然，此后东方压铸有限公司陆续为一汽集团公司铸造模具厂拿来价值 300 万元的活。

从“不放心”到“非他莫属”，李凯军用事实证明了自己对企业的价值。凭着绝技、绝活，李凯军为一汽集团公司铸造模具厂打开了一个新的市场，他也成了铸造模具厂抢占压铸模具市场的一个品牌，成为企业的“宝贝”。

“技艺高信誉就高，绝活多市场就大”，许多厂家知道一汽集团公司铸造模具厂有个高手李凯军，纷纷来到这个厂定做压铸模具。就连一向对模具质量要求很高的中美联合压铸厂，也把价值 100 多万元的压铸模具制造任务交给李凯军所在的铸造模具厂。

2001 年 10 月，中美联合压铸厂指名让李凯军为他们厂加工一套机油泵壳体压铸模具。这套模具工期短，质量要求高。李凯军牺牲了休息时间，整日在车间里工作，在最后收尾的 7 天里，他每天只睡一两个小时的觉。困得实在坚持不住了，他就跑到水龙头旁，用凉水冲把脸，接着再干。就这样，在交货日期到来的那天凌晨，用户拿到了一套高质量的压铸模具。后来，当厂家前来洽谈订货时，只要说产品由李凯军加工，洽谈准能成功。

2002 年，一汽集团公司铸造模具厂开展了“创品牌产品，做名牌员工”活动，李凯军被评为八大名牌员工之一。厂里的工友说：“凯军不仅是全厂公认的名牌员工，而且早已是众多客户心目中的‘名牌’了。”

企业的发展离不开产品的更新换代，汽车产品的更新换代离不开模具。李凯军在一汽集团公司的产品更新换代过程中充当着关键性的角色，成为一汽集团公司难得的高技能人才和突出贡献者之一。

2002 年，一汽－大众公司又推出了换代产品奥迪 A6 轿车。为确保产品质量，领导把价值 60 万元的发动机左、右悬置支架压铸模具的制造任务交到了李凯军手里。

发动机左、右悬置支架各面均是曲面连接过渡，筋条多，其模具制造的难度相当大。李凯军通过巧妙设计、反复试验，采取了在曲面上密布基准点的方法，解决了以往压铸模具错边严重的现象。模具面上有 3 条宽 2.5 毫米、深 150 毫米的筋条，是模具制造中的最大难点，难就难在这种精度要求极高的筋条，在制造过程中很容易被拉伤。李凯军深知，这 3 条筋条的加工质量是整个模具质量的集中体现。因此，他在加工过程中精心操作。经过抛光后，没有丝毫拉伤，圆满完成了任务。

一汽集团公司为弥补重型车在市场上的空白，开发了 7182 重型车项目，李凯军承担了该车型发动机前支架的模具制造任务。该模具形状怪异、结构复杂，李凯军从未见过此类产品。但是，他凭着高超的技艺，硬是如期完成了模具制造任务。

学技术有股钻劲，遇难题有股闯劲，干工作有股拼劲——这是李凯军所在的铸造模具厂广大职工对他的称赞。

勇于创新——攀登高峰不停步

李凯军干工作，并不满足于完成任务。结合模具制造中遇到的技术难题进行攻关，不断推动模具制造技术的创新，是他的一贯追求。

2000年，一汽集团公司在试制75公斤/米变速箱时，把变速箱上盖模具的制造任务交给了铸造模具厂。

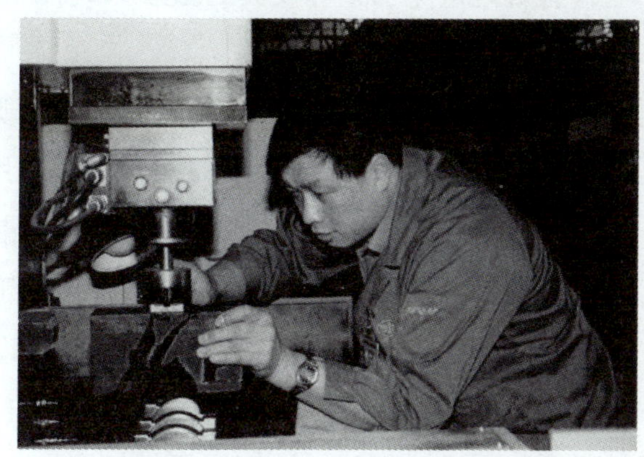
李凯军正在进行变速箱模具精加工

加工这种变速箱的上盖模具，工艺要求很高，平面度误差必须控制在0.1毫米以内；铸件孔位的误差不能超过0.05毫米；壁厚必须控制在3.5~3.7毫米。

除了工艺要求高之外，时间要求也很紧。像这样的大型模具，正常加工周期一般为6个月。但为了快速装车，占领市场，一汽集团公司只给了铸造模具厂两个月的加工时间。

为了确保工期，厂里把这项任务交给了李凯军。从接受任务那天起，李凯军就没回过家，吃住在车间，每天工作都在20个小时左右。那时正值盛夏，闷热的天气使李凯军的衣服每天都像被盐水浸过一样。时间紧迫、工艺复杂、天气炎热，这些困难却丝毫没有影响他技术攻关的斗志。在模具制造过程中，李凯军根据这套模具的特点和自己的实践经验，及时与设计人员沟通，进行了多方面的改进：将一体衬模改为分体衬模；改进了顶杆孔和型芯孔的修磨工艺；对衬模上镶套做了改进；对与长芯子相配合的动衬模孔的加工和安装工艺进行了革新……有人粗略地算了一下，他对这套模具进行的改进和革新至少有8项。

2001年，在上海举行的压铸产品博览会上，由李凯军制造的模具所生产出来的压铸件获得了银奖。

李凯军实现的技术创新和改进项目，用工友们的话说，汽车上凡是涉及模具的部件，几乎都留下了李凯军攻关的成果。

在制造轻型车“防护块”模具时，由于这种模具形状窄小、容易粘模，李凯军研制成功了一种“拔模器”，解决了铸件滞留在型腔内无法取出的难题，有效地避免了整套模具的报废，确保了生产的顺利进行，“拔模器”也得到了广泛应用。

在加工轻型车“前油封”模具时，李凯军通过改进工艺制作出了“超细磨头”，可提高工效 5 倍以上，而且实现了用国产磨头代替进口磨头。由于磨头每天用量很大，这一工艺成果可节省大量资金。

限位钉的加工，过去都是采用单件加工工艺，李凯军将单件加工改为装配后统一加工，保证了加工精度，降低了工时消耗，加工效率提高了 10 倍。

在压块“闭锁面”的研配中，李凯军打破了传统的加工方法，把原来笨拙的手工加工改为通过计算用机械加工，效率一下子提高了 20 倍。

……

为了表彰李凯军为企业做出的突出贡献，2002 年 6 月，一汽集团公司评他为一级操作师，并像对待集团公司的高级管理人员、高级专业技术人员一样，为他配备了一辆捷达轿车。

人们在感叹李凯军的先进事迹时，可能已不再记得他只是一位技工学校的毕业生。他用自己的勤奋和才智跨越了世俗对学历、文凭的偏见，凭借自己的技能和贡献成为企业最需要的人才。其实无论任何人，只要在本职岗位上勤于钻研、勇于创新，都有机会成为企业的“明星”。

李凯军把企业和各级领导对他的关心和肯定当作动力。他说：“要把以前取得的成绩作为今后的新起点，向更高的目标前进，为一汽的发展和民族汽车工业的振兴，奉献出自己的全部智慧和汗水。”

撰稿：刘允海。文前照片由张海拍摄，文内照片由倪玉臣、张景昆拍摄。

■ “金牌工人”许振超

许振超，青岛港前湾集装箱公司电动装卸机械司机技师、电动装卸机械修理高级技师，全国劳动模范，全国五一劳动奖章、中华技能大奖获得者。在工作岗位上积极钻研专业知识和技术，练就了“一钩准”“无声响操作”等绝活并加以推广，创造了“六连环”工作法和集装箱桥吊高效操作法，带领工友多次打破集装箱装卸世界纪录。

勇于创新，追求卓越

——记“金牌工人”许振超

在美丽的黄海之滨，屹立着一个世界闻名的港口——青岛港。在这个区域性国际航运中心里，前湾集装箱码头每天总是这样繁忙，汽笛轰鸣，巨轮云集；桥吊耸立，车流穿梭。这时人们总能看到一个忙碌的身影在紧张而有序地指挥着，就像是一位将军，那样的胸有成竹，那样的威武沉稳。他，就是前湾集装箱公司桥吊队队长，一位虽然只有初中学历但却具备高超技能的“桥吊专家”，一位多次刷新集装箱装卸世界纪录的“金牌工人”——被誉为新时期产业工人杰出代表的许振超。

提起许振超的名字，整个港区真是无人不知，无人不晓。

——他所在的集装箱桥吊队，创出了无论多大吨位的船全部10小时内完成作业的全国最高效率，而且连续刷新集装箱单船装卸世界纪录，被国际航运界誉为“中国奇迹”。

——他是青岛港第一代桥吊司机，并出色掌握桥吊维修技术，自主改造了康明司发动机等设备。1990年，他被青岛港破格提拔为第一批技师。2001年，他大胆改变桥吊生产厂家既定方案，成功主持国内最大的两台桥吊安装。2002年，他主持编写国内第一本港口桥吊作业手册，被众多专业院校选为教材；主持编写前湾集装箱码头质量管理条例和青岛港创国优金奖质量管理体系，被交通部认定为全国沿海港口桥吊设备管理国优标准。2003年，青岛港正式以他的名字命名集装箱服务品牌“振超效率”。2004年，他成为电动装卸机械修理高级技师。

勤学苦练，“绝活”超群

在青岛港，大家都知道许振超的“绝活”多。什么“一钩准”，什么“无声响操作”等，这些被外国船员称为匪夷所思的“神功特技”，却在许振超手中一一做到了。

1974年，只有初中学历的许振超进青岛港当了一名普通的皮带机电工。不久就被调去操作当时已算先进的起重设备——门机。当他得知这个消息后，心里别提有多高兴。要知道，门机是青岛港当时最先进、最昂贵的装卸机械。每次从门机边走过，许振超都会出神地看上一会儿，那直指蓝天的长臂吊杆和装卸货物的巨大钩头，让他一次次在心里为之赞叹。而现在，自己就将成为门机司机了，激动中他暗下决心：“咱当不了科学家，但可以练出一身绝活。做个能工巧匠，同样无愧于时代，无愧于港口的培养。”

许振超的第一项绝活“一钩准”就是这时候练成的。到门机队不久，凭着自己的聪明好学，他7天就学会了开门机。然而，会开容易开好难。由于缺乏经验和过硬的技术，常常出现装车不准，或者多装、少装的情况。每当这个时候，许振超心里就很不是滋味。他觉得自己的工作做不好是一件十分丢人的事情。于是当别人休息的时候，他仍然留在门机上，按照自己琢磨的土办法苦练操作技能：他经常从距起吊位置很远的地方，吊起满满一桶水，然后转动吊臂，将那桶水吊到铁路中央事先画好的圆圈里，平稳落地后，又将水桶吊起来，放到铁路边原来的地方，就这样不知疲倦地重复着。慢慢地，他体会到，门机操作的关键在于操作杆变换的速度、力度、幅度。于是，他花更多的时间练习，感觉和体会对操作杆的控制力。功夫不负有心人，几个月后，他所开的门机钩头起吊平稳，钢丝绳走起来是“一条线”。一钩矿石吊起，稳稳落下，不多不少，正好装满一车皮。“绝了，真是‘一钩准’！”工友们的赞叹声传遍了整个港区。

中国有句老话，叫作“一招鲜，吃遍天。”所谓的“一招鲜”其实就是指“绝活”。要有“绝活”，光有热情显然是不够的，必须讲究科学的方法。许振超在这方面给人们做出了表率，他善于学习、善于积累、善于钻研，一点儿一点儿地“啃骨头”，一点儿一点儿地攻难关。“要干就要干一流”——就是凭着这样的一种信念，许振超“技术口袋”里的“绝活”越来越多。

在外人眼里，桥吊无声响吊装集装箱是不可思议的事。桥吊的司机室距地面 50 米，从上往下看，集装箱的 4 个锁孔小得像针孔，十几吨的吊具落下，4 个爪必须准确地插入锁孔中。稍有疏忽，难免发生碰撞，既影响货物安全，又损伤机械。碰撞声音大了，装卸工们就戏称桥吊司机是“铁匠”，许振超听了心里很不是滋味。1991 年，已经是桥吊队队长的许振超从“微雕艺术”中得到启发：有人能在米粒儿大小的象牙上雕刻出一篇诗词来，凭的就是坚忍不拔的毅力和精益求精的高超技术。那么难，人家都能做到，我们为什么就不能做到操作无声响呢？可桥吊司机们一听就炸了窝：“集装箱是铁的，船是铁的，拖车也是铁的，这集装箱装卸就是铁碰铁，怎么能不响呢？”许振超没多解释，他坚信只要勤学苦练，就一定能做到。于是，他自己先动手练了起来。操作中，眼睛上扫集装箱边角，下瞄船上装箱位置一点，手握操纵杆变速跟进找垂线。经过一段时间的苦练，他把眼一瞄，就能准确定位，又轻又稳。然后，他专门编写了操作要领，亲自培训骨干并在全队推广，以事实说服人。就这样，“无声响操作”又成了许振超的绝活、青岛港的独创。

许振超在桥吊驾驶室里操作

1997 年 11 月，青岛港老港区承运了一批化工危险品，这个货种特别怕碰撞，稍有碰撞就可能引发恶性事故。当时，为确保安全，码头、铁路专线上派了很多武警和消防员严阵以待，一旦发生爆炸、泄漏等情况就立即封闭码头，开展紧急救援工作。整个码头充满着紧张的气氛。可许振超和他的队友们却泰然自若，在关键时候他们把“绝活”亮了出来，只用了一个半小时，40个集装箱被悄然无声地从船上卸下，又被一声不响地装上火车。面对这“举重若轻”“行云流水”般的作业，在场的人由担心变为惊讶，由惊讶变为佩服。紧张了许久的人们情不自禁地欢呼：“青岛港，了不起!”

人们常说“科学技术是第一生产力”。许振超和他的队友们用他们的“绝活”证明：过硬的操作技能同样也是生产力。

刻苦求知，精益求精

许振超“绝活”满身，可他并不满足，他有着更高的追求。因为他深知，只有掌握了先进的科学技术，才能真正驾驭手中的设备，创造出更高的效率。而要掌握先进的科学技术，唯一的途径就是勤奋学习。

刚进青岛港当皮带机电工时，许振超就努力学习电工知识，看设备图样，逐渐掌握了电工技术。在那个学习风气十分淡薄的年代，别的工人下了班就凑在一起打扑克、下象棋，或是东拉西扯，可他却借来别人用过的教材，躲在一边读、记。调到门机队操作门机时，为了深入了解门机的构造和控制原理，他把队里仅有的几本技术书都看遍了，觉得还不够，就到处借书看。但光借总不是办法，他就从牙缝里省钱买书，骑自行车跑40多里路，到书摊上讨价还价买旧书，相继购买了《工业电器入门》《电子机械与维修原理》等专业书籍，而且每一本都认真去读，每一个公式和原理都要弄懂，这个习惯一直保持到现在。在他厚厚的读书笔记里，记载着电器原理、钢丝绳种类及承重、发电机原理及故障排除、电子机械、计算机应用、安全事故预防等内容。家里与机械和电气有关的书籍、报刊等也摆满了书橱。他读过的各类书籍有2 000多本，写了近80万字的读书笔记。他说：“在别人眼里，学习是一件苦事。但对我来说，学习带给我无穷的快乐。每当攻克一个难题，我就有一种成就感和满足感。”正是多年来的勤奋学习，才帮助他演绎出了如此精彩的“桥吊传奇”。

许多知识起点低、文化水平不高的人，把学习科学技术看成和自己无关的事情。但在许振超看来，低起点恰恰是主动学习的最大动力。他悟出了一个道理，只掌握一般的操作技能，至多算是个传统的工匠；只有掌握了先进的科学技术，才能成为一名适应时代需要的高技能人才。“一个人可以没有文凭，但不可以没有知识；可以不进大学殿堂，但不可以不学习。只有知识才能改变命运，只有发奋学习才能成就未来。”正是在这种理念的激励下，许振超为实现心中的目标而不断奋斗着。

1984 年，青岛港开始组建集装箱公司，许振超在全港中第一个入选桥吊司机。由于新的集装箱码头还在建设之中，从上海港口机械厂订购的桥吊也还没有到，许振超无机可开。于是，他就想方设法借到一套桥吊的结构图样，准备提前熟悉一下情况。可刚看了一眼，许振超就懵了，厚厚的 100 多页全是英文，他看不懂！别人劝他说：“等桥吊到了，我们学会开就行了，看不懂图样也无所谓。”可许振超说：“我们是公司第一批桥吊司机，以后还要带徒弟，看不懂图样怎么行？不会就学。”于是，他买了一本《英汉词典》，看着图样，对照词典认单词，一个一个地背。说起这段经历，他回忆说：“那段时间真遭罪，一个单词反复背。经常是咬着牙、瞪着眼，恨不得把那些单词都生吞活剥了。”就这样，他翻译出了厚厚的两大本英文图样。

1990 年，有一次队里的一台桥吊坏了，而厂方上海港机厂也束手无策。原来，虽然设备是上海港机厂造的，但核心控制系统采用的是瑞典的 BBC 电力拖动系统，国内无人会修，只有请外国专家。外国专家在青岛港待了 12 天，青岛港花了 4.3 万元的维修费。许振超为此心疼得好几天睡不好觉。要知道，这对当时还在困顿中的青岛港来说是一笔多么奢侈的开支啊！许振超心想，我们能不能不用外国专家，自己修桥吊？而当他试着向临走的外国专家请教点“真经”时，人家耸耸肩，一言不发地扬长而去。

那天晚上回到家里，许振超背着手，紧绷着脸，一遍遍地转圈子，他发誓：一定要自己学会修桥吊！而有的人对他这个想法不以为然。正如一位专家讲解的那样：高达70多米、重达700多吨的桥吊，从外观上看是一个庞然大物，其内部结构更加复杂。它的运作包含着多个学科的知识，如高压变配电、高压电缆运行、起重机械系统、工业控制系统、网络通信系统等。可许振超不信这个邪。他像着了魔似地学习，学机械，学外语，学电气自动化……而最令人吃惊的是，他居然想要用桥吊上的电路模板倒推电路图！

当时桥吊上最核心、最难懂的就是瑞典BBC电力拖动系统。掌握这个系统必须要有完整的电路图。有了这张图，就等于解剖了桥吊的全身电路神经，处理起故障来就轻松多了。可是外国人为了保护自己的尖端技术，卖设备时只给用户一张简图。所以，就连上海港机厂的专家也吃不透这套系统。

那是怎样一段难熬的日子啊！每天一下班，许振超就揣着借来的备用电路模板，一头扎进自己的小屋子，以一种近乎痴迷的状态遨游在“模板世界”里。这不仅是对一个人体力、脑力的挑战，更是对意志的考验。

一块电路模板只有书本那样大，上面至少有上千个焊点，正反两面就是2 000多个，就算是“大家伙”的电阻、电容，最多也就半厘米长，像一个个蚂蚁趴在绿色的线路板上。金色的线路像头发丝一样弯弯曲曲、若隐若现，只有在强光下才能分辨。为了看清它，许振超架起块玻璃板，在下面放上个100瓦的大灯泡，然后把线路板放到玻璃板上面，他凑得很近，瞪着眼睛观察，一点点把线路绘下来。脸被烤得通红，眼睛累得看不清了，他就到冰箱里取出冰块，用毛巾包着贴在眼上敷一会儿，接着再干。

而这仅仅是个开始。这2 000多个焊点怎样连，学问就更大了。一个点前后左右要有4个连接点，而且一个点下面可能变成2根线，2根线再变成4根线，最多的要变到20根线。这些线怎样走，则又是一门学问。每个点、每条线，许振超都要用万用表测了再测，常常要测试上百个电子元件，才能测通一条路径。有时实在弄不懂，还要动手拆下几个零件。这个活比修表还要精细，而且人家修表有专业工具，拆电路模板却没有。为了拆下电路模板上连接零件的“蟹子腿”，他去医院找来各种型号的针头，几号针头对多大的

“蟹子腿”，都要做到心中有数。他还找来电烙铁，插上电用手试试，用刚好的余温烫化电路模板上的焊点，用针头恰好堵上焊点下面的小眼。他要做到万无一失，因为这些电路模板太贵重了，少则几万元，多则十几万元。

最艰辛的要数1995年，许振超要倒推新桥吊上美国GE电力拖动系统的电路模板。这时，电路模板开始有了夹层，合起来只有半个厘米厚，推理和拆装极为复杂。常常为了一根信号线，他就要查一个多星期！为了倒推这一块看似不起眼的电路模板，竟整整耗费了他两年的时间！这两年里，就是在陪护生病的老岳父时，他都一直把电路模板带在身上。晚上，等病人睡了，他就跑到病房的走廊里，蹲在灯下苦思冥想。

从瑞典的BBC系统到美国的GE系统，他前前后后用了几年时间，一共倒推了12块电路模板，摸遍了青岛港十几台桥吊的电路神经。每一块电路模板还回去时，都是毫发无损。最后，他把标注好的整整两大摞完整详尽的电路图奉献给了青岛港，成为企业难得的技术财富。当上海港机厂的专家得知许振超解剖了桥吊电路神经时，连连惊叹：“了不起！这不仅在青岛港，就是在全国也是独一份儿！”

这是一种怎样的精神和追求？是执着，是坚韧，也是责任和信念。许振超常说：“作为一名产业工人，绝不能满足具备一般的本领，一定要有更高的追求，要有真本事。”他说到了，也做到了。几十年来，尽管桥吊经历了多次技术升级，但他从未在这些新技术面前低过头、服过输。凭着苦学肯钻的韧劲，他成长为一名专家型的工人，实现着自己人生崇高的追求。

倒推电路图的巨大成功，让许振超一步跨入“柳暗花明”的新境界。从此，他成了名副其实的“桥吊大拿”。如今，再怎样复杂的电路模板在他的眼里都已经成了寻常之物，打眼一看，就能看出其中的端倪：板上哪些是通用标准件，哪一块是起电流控制和反馈作用的，哪一块是起放大作用的……基本上都能说个明白。遇到问题，也只需选择几个点，测测电压，就可以确定原因了。从排除桥吊的一般机械故障到修复精密部件，他的技术越来越娴熟。有一次，桥吊上的电路出现了故障，按照常规，必须花3万元换一块新的电路模板。可是许振超不同意，他跑到一家电子元件店，花 8 元钱买了一个运算控制器，换到电路模板上，手到"病"除。

许振超在日记中写道："悟性在脚下，路由自己走"，"要自己教育自己，持续不断地学习"。正是凭着这股韧劲，他学得了真功，从工人学成了专家。就连上海港机厂的专家在改进桥吊设计时，都专门请教他，并采纳了他 20 多条意见。

追求卓越，成就辉煌

常言道：天道酬勤。一手拥有岗位绝活，一手掌握先进科技的许振超自然就成了企业科技进步的排头兵，成了掌握先进生产力的杰出代表。同时也奠定了他不断超越自我、追求卓越、勇破世界纪录的坚实基础。

现代化大生产需要团队协作，仅凭一个人，就是一身铁又能打几个钉？许振超十分明白这个道理，他要带出一支中国最好、世界一流的装卸队伍。

许振超琢磨出一套"60 小时动车法"，通过强化理论、实际环境观摩、模拟试车、实地试车、理论梳理、再试车等程序，让新手在很短的时间内纷纷出师，为公司培养了大批合格的桥吊司机。接下来，许振超实施了"技术大练兵"，他在动员会上说道："在码头，我们桥吊司机的岗位就是第一岗位，我们操作的每台桥吊价值都在 4 000 万元以上，一家相当规模的企业固定资产也就这么多了！我们每天坐在驾驶室里，一举一动，不经意间操控的就是一家有 4 000 万元资产的企业啊！所以，我们每个人不仅要有自豪感，更要有一份责任感！但怎样才能负起这个责任呢？一个字：练！"于是，许振超就开始教练和推广他的"一钩准""无声响操作"等绝活。一时间，桥吊队里掀起了学技术、练绝活的热潮。仅用 8 个月的时间，就使全体队员达到了每小时 50 个自然箱的作业"极限"。在练绝活的同时，许振超还创造了"六连环"工作法。"一"是安全盯紧"三个三"，即司机盯紧"钢丝、锁头和制动器"，班长盯紧"车辆、协作和情绪"，队长盯紧"配工、现场和人机"。"二"是设备运行"三确保"，即确保零缺陷、无故障、低成本。"三"是管理做到"四

许振超在现场指导维修操作

到位”，即人员配工到位，制度执行到位，目标落实到位，机制考核到位。“四”是服务达到“三标准”，即零距离、零时间、零投诉。“五”是设备维护“双监控”，即动态监控，远程监控。“六”是员工实施“六个一”，即制定一个岗位目标，练一项绝活，出一个金点子，增收节支一千元，完成一项科技成果，团队刷新一项纪录。“六连环”环环相扣、步步紧凑，激发了员工的创造力，提高了团队的执行力。过去两个人干的活，现在一个人就干了；过去必须爬到桥吊上解决故障，现在可以异地维修，更安全、更准确、更高效了。

此时的许振超也许并不知道，他所做的一切，正在催化着新的集装箱装卸世界纪录的诞生。

2003 年 4 月 27 日，青岛港新码头灯火通明，许振超和他的队友们在“地中海阿莱西亚”轮上开始了向突破集装箱装卸世界纪录的冲刺。现场气势磅礴，安装在桥吊上的大钟，记录了这个激动人心的时刻。20 时 20 分，320 米长的巨轮边，8 台桥吊一字排开，8 个集装箱几乎同时带着呼啸声落下船来。船上船下相互联系、密切配合，大型拖车在码头上穿梭不停，一股决战巅峰的豪情充盈着港湾。凌晨 2 点 35 分，许振超和他的队友们以 6 小时 15 分钟的高速度，完成了全船 3 400 个标准箱的装卸，创造出了每小时单机效率 70.3 自然箱、单船效率 339 自然箱的世界纪录。中国的码头工人用事实证明：“只要我们挺起脊梁，世界将为之震惊！”

5 个月后，许振超率领团队又把每小时单船 339 自然箱这个纪录提高到了每小时 381 自然箱，再次刷新了世界纪录。世界航运业权威杂志专门刊发了这一纪录，新华社、路透社等国内外权威媒体也相继报道了这一消息。“振超效率"由此闻名世界。

面对如此辉煌的成绩，许振超仍然保持清醒的头脑。他明白，纪录是暂时的，奋进才是永恒的。只有始终瞄准更高目标，才能永远前进，永创第一。

2004年12月10日，"马士基多特蒙德"轮在青岛港装卸集装箱。该轮作业难度非常大，其中45英尺的集装箱多达95个，40英尺的集装箱多达770个。难度越大，越激发起振超团队再创世界效率的斗志。他们制定了"人机合一、团队协作、穿插作业、施展绝活"的新工艺。作业中，桥吊队司机聚精会神、应对自如，"无缝"生产衔接流畅。最高单机效率达到82.4自然箱，比第一次破世界纪录时的70.3自然箱增加了12.1自然箱；每小时单船效率达到473.78自然箱。

就这样，在工友们从容不迫、行云流水般的操作下，在"马士基多特蒙德"轮船员的惊讶声中，青岛港第三次打破了世界纪录。

整个船运界惊呆了，单船效率从第二次打破世界纪录的381自然箱增加到473.78自然箱，"振超效率"一下子又提高了92.78自然箱。有家国外的船运公司算了一笔账：一艘第五代集装箱船在港口耽搁1小时就会损失1.5万美元，而提前1小时就能产生1.5万美元的效益，正反相差3万美元。因此，他们在感谢信中这样写道："振超效率"为我们船运公司赢得了丰厚的利润，只有我们想不到的，没有"振超效率"做不到的。我们是最大的受益者，中国人了不起！

两年三破世界纪录，这在世界航运史上也是罕见的壮举。单船效率从339自然箱增加到381自然箱，又从381自然箱增加到473.78自然箱，这其中变化的不仅仅是数字，而是在不断地展示着我国码头工人争创世界一流的豪情！这豪情根植于中华儿女勤劳勇敢、积极进取的民族精神，这豪情更来源于刻苦钻研、勤学苦练的一身绝技和爱岗敬业、团结协作的团队精神。

许振超，一位初中毕业的普通工人，因其突出的职业成就和爱岗敬业、争创一流、与时俱进、追求卓越的时代精神，荣获全国五一劳动奖章和全国劳动模范称号，并获得国家对工人技术技能水平的最高奖励——中华技能大奖，被誉为中国高技能人才楷模，新时期产业工人的杰出代表，永远地铭刻在中国工人阶级创造历史的恢宏画卷之中。

撰稿：田雷。文前照片和文内照片均由闫军拍摄。

主要参考文章

1 刘新平．金牌工人许振超［M］．北京：中国工人出版社，2004.

2 李丽辉，宋学春．新时代的中国工人许振超［N］．人民日报，2004-4-12（1）.

■“油井女杰”束滨霞

束滨霞，中国石油辽河油田公司采油高级技师，全国五一劳动奖章、中华技能大奖获得者。多年来坚持工作在采油第一线，潜心钻研采油技术，掌握了过硬的业务技能，探索和总结出碰泵“七个一”操作法、油井动态管理法和“三账一卡一图”成本控制法等先进、科学的管井方法，为开创老油井增产新路做出重要贡献。

■ 精湛技艺造就管理“神功”
——记“油井女杰”束滨霞

人们常常用“手到病除”来形容医生医术的高明。如今，这个词却被人们用在了中国石油辽河油田公司采油高级技师束滨霞身上。

束滨霞是中国石油辽河油田公司欢喜岭采油厂采油作业一区采油站站长。大家说，每当遇到油井生产不正常的情况时，只要她到井站用耳一听、用眼一看、用手一摸、用鼻子一闻，很快就能找到问题所在并及时加以解决，从而保证油井的正常生产。

虽说听起来有点神，可这却是束滨霞的真本领。一次，采油站的一条管线漏油，谁也说不清这条管线来自哪口油井。束滨霞看了看油质，闻了闻油的气味，便断定是“齐14-9”号井的进站管线。一查，果然是。

像这样的事多了，站上的员工都把束滨霞比喻为诊断地下疑症、解决生产难题的“油井医生”。她当站长的第一年，就是凭着准确的听、看、摸、闻的本领，提高了油井生产效率，使这个落后的老站一跃成为欢喜岭采油厂的第一座“标杆站”，提前50天完成了全年的生产任务。听、看、摸、闻这“四字经”，不仅成为束滨霞的绝活，也成了采油岗位员工争相学习掌握的技能要领。

那么，束滨霞的高超技艺是怎么来的呢？

5万多个油井数据的说明

与油井生产相关的数据有多少，能说清楚的人并不多。在多年坚持不懈的自学中，束滨霞攻读了几十本专业技术书籍，如饥似渴地从书本中汲取知识的营养。遇到自己不明白的问题，她总是来个"打破砂锅问到底"，虚心向师傅、同事和专业技术人员请教。她把从书上学来的和从别人那里问来的知识，统统记到笔记本上，先后写下了8万多字的学习笔记，记下了5万多个油井数据，被同事们称为"油井数据大全"。

束滨霞学技术如此执着，并非偶然。1983年7月，刚刚初中毕业的束滨霞来到采油大队，成为石油队伍里的一员。能像铁人王进喜等前辈一样干石油，使这个年仅17岁的小姑娘沉浸在自豪和兴奋中。

可是，一次巡井却使她的兴奋之情荡然无存。上班没几天，她在巡井时发现"齐5–10"号井因事故往外冒油。眼看着油井呼呼地往外喷油，她心疼、着急，可就是不知道该怎么处理。无奈，她只好急忙跑回站上找师傅。师傅一听便说，这是盘根坏了，需要更换一副新盘根。师傅一边教她如何换盘根，一边语重心长地对她说："光有对油田的热爱是不够的，一名合格的采油工必须要有真本事。"

束滨霞哭了。晚上下班回到家里，她想了一夜：进了油田，还不能算一名合格的采油工，因为当油井冒油的时候，自己束手无策，给油田和国家造成了损失；只有掌握了技术，才算油田的真正一员。她暗下决心，要像师傅所说的那样，好好学本领，做一名技术过硬的采油工。

从此，束滨霞把对油田的热爱变成了学习的动力。上班时，她一招一式地反复练习操作要领，熟中求快，快中求精；晚上回到家里，一本本厚厚的专业技术书籍成了她每晚的必修课，钢笔和笔记本每晚与她相伴，边看书边写笔记，已经成了她的习惯。

谈起束滨霞学技术的执着精神，曾两度当过束滨霞所在队指导员的陈林龙有说不完的话。

陈林龙第一次调到束滨霞所在的采油104队担任指导员是1984年7月。开始那段时间，他经常看到一个扎着“马尾辫”的小姑娘，兜里总也少不了两样东西：一本绿皮的大庆版的《岗位练兵》；一个红皮的笔记本，里面写满了密密麻麻的数据。这就是他最初认识的束滨霞。

陈林龙还讲了一个他和束滨霞发生误会的故事。104队有一座最大的采油中转站——35号站。当时，束滨霞就在这个站当泵工。一天，束滨霞发现站值班室墙上挂的工艺流程图与实际流程不符。于是，她当即就扒开了外输泵房底下挡着的石棉瓦，钻到泵房底下查看流程的实际走向。恰在这时，陈林龙带人来到35号站检查工作。看到泵房周围的石棉瓦被扒开了，现场被搞得很乱，陈林龙生气地责问道：“这是谁干的，咋没人收拾呢？”当看到束滨霞正在底下查看流程走向时，陈林龙顿时笑了。用他的话说，“我深深为这个小姑娘的执着和认真所感动。当然，还有工作的泼辣，一点儿女孩子的娇气也没有。”

时隔12年后的1996年初冬，陈林龙又被调回104队担任指导员。他感慨地说：“这时的束滨霞，已经是一名技术全面的站长了，可她对技术的那股钻劲儿、干工作的那股闯劲儿却丝毫没变。”

当时，束滨霞所在采油站的“齐14–9”号井和“齐14–09”号井的日产量加在一起只有2吨。由于日产量低，距站又远，每到冬季经常发生管线冻堵，站上的员工只能“望井兴叹”。束滨霞利用业余时间，一头扎进队里的地质组，查找这两口井的动静态资料，有时为了查到一个数据甚至通宵达旦。通过对有关的图样和液量等资料的分析，束滨霞认为这两口井出油低的主要原因是油井供液不足。原因找到后，她接着用了近10天的时间连续攻关，研究摸索应对措施。针对这两口井的实际情况，她提出了“每隔5天开井24小时”的应对措施。这一措施实施后，两口井的日产量由原来的2吨增加到9吨，同时还减少了电机的空运时间，两口井日节省电费368元。

边干边学，把解决生产中遇到的难题作为学知识、长本领的最好机会。这就是束滨霞所走的岗位成才之路。

一套套先进操作法的来历

“能解决生产中常见的难题，保证油井的正常生产，是合格的采油工；创造性地解决难度大的生产工艺和技术问题，能带来新的效益，才是过硬的采油工。”当上站长的束滨霞，对自己又提出了更高的要求。她认为，创造先进操作法，给油田带来更大的效益，是一名技术工人应尽的职责。

束滨霞当站长的采油站所在区块是当时最难管的区块之一，它存在着高含水、高采出、高投入的“三高”，油井产量低、地层压力低的“两低”，断层多、出砂多、结蜡多的“三多”等问题。

面对错综复杂的一个个难题，束滨霞潜心研究，反复摸索控制“三高”“两低”“三多”的办法。对采油生产过程中的主要问题，她一个一个地查原因、破难点。她坚信“功到自然成”这个道理。哪个难点解决了，她就及时总结经验；哪个难点遇到障碍，她就继续查原因、搞试验、摸要领，直到解决为止。仅“轻碰深井泵阀”中的“轻”字，就是通过几百次试验才总结出来的。经过一段时间的实践，她探索出碰泵“七个一”操作法，即在操作中“一查、一稳、一准、一轻、一听、一量、一定”。“一查”：查碰泵前油井生产数据。“一稳”：在具体碰泵中进行平稳操作。“一准”：准确调整防冲距。“一轻”：轻碰深井泵阀。“一听”：听油管线内原油流动的声音，判断出油情况。“一量”：计量碰泵后的出油量。“一定”：定期调整防冲距。

束滨霞查看油井的压力

碰泵“七个一”操作法贯穿于采油生产的全过程，是多种高难度技术操作要领的综合运用，被专家称为“系统控制操作法”。碰泵“七个一”操作法的应用，既延长了油井的生产时效，又减少了深井泵造成的泵漏，而且还大大减少了作业井次，降低了生产成本。

束滨霞并不就此满足。针对采油站所在区块地下情况复杂、油井开采时间普遍较长的实际情况，她又带领全站员工向科学管理要产量，向强化低产油井管理要效益。

束滨霞根据地下油层形成的规律和开采特点，连续搞了近两个月的试验，摸索出油井“控A、稳B、鼓捣C”的油井动态管理法，就是把采油站上的油井按照日产油量的高低进行分类管理。日产油15吨以上的油井划分为A类井，日产油5~15吨的油井划分为B类井，日产油5吨以下的油井划分为C类井。通过控制A类井、稳定B类井、激活C类井，达到提高全站整体产量和效益的目的。她还大胆地对“放套压”油井实施回收“套管气”的工艺流程改造。在此基础上，她配合科研单位设计了“水套炉自动控压装置”“抽油机井自动加药装置”等。

在技术创新和科学管理上，束滨霞不断攀登新的高峰。“控A、稳B、鼓捣C”的油井动态管理法取得成功后，她发扬攻关不畏难的精神，又摸索出“时间、产量、电流”曲线管理法。该管理法就是用数学曲线直观地表示出油井的生产时间、产量状况和电流值等重要生产参数的互动关系，全站的员工通过曲线的走向可以直接看到油井的生产动态和趋势，而后依据三者变化的内在原因，分门别类地采取措施，确保油井始终处在最佳状态下运行。

老油区中后期开采成本高是很自然的事情。为了降低成本、提高效益，束滨霞在引导全站员工增强成本意识的同时，总结出一套效益可观的“三账一卡一图”成本控制法：一口井一本经营管理账、一台设备一本成本消耗账、一人一本挖潜增效账。她还在全站实行了“施工质量跟踪卡”和“成本曲线图”制度，全站每月进行一次效益盈亏对比分析，找出原因，并与奖金分配挂钩。与此同时，她还在站里建起了修旧利废的小库房。

在束滨霞的心里，当一名好站长就是要想方设法地提高原油产量，提高经济效益。她坚持不懈地钻研采油技术，掌握了过硬的业务技能，从科学的管井方法中要出了效益，开创了老油井增产创效的新路。

发自人们内心的赞佩

束滨霞一直执着地追求着事业有成，在油田实现着自己的人生理想，以精湛技艺为国家多做贡献。她的坚韧毅力、进取精神和高尚境界令人由衷赞佩。

人们赞佩她立足本职工作、刻苦学习技能、走岗位成才之路的毅力。凭着这股持之以恒的毅力，她成了采油高级技师，并于 1995 年被评为全国青年岗位能手，1998 年荣获中华技能大奖，成为当时全国石油系统唯一获得此项殊荣的女工。

人们赞佩她爱岗位、爱油田、爱国家的主人翁责任感和忘我的工作精神。凭着这种拼搏进取的精神，她先后荣获辽河石油勘探局、辽宁省、中国石油集团公司劳动模范和集团公司十大杰出青年称号，1996 年荣获全国五一劳动奖章。

人们赞佩她为帮助工友成才倾注的关爱和热诚。"老油区中后期管理难度大，要求站上的员工全员成才。我是站长，又是大姐，有责任帮助大家都成才。"束滨霞是一位说到做到的人。她率先在采油站建起了小型练兵场，结合生产实际开展"每天一问""每周一题""每月一考"的岗位练兵。这一活动成为大家提高技术的好途径。站上的员工反映，不论是工作中还是业余练兵时，束滨霞总是用热心鼓励人成才，用行动带动人成才，用耐心帮助人成才。

束滨霞在巡井

在束滨霞的精心组织和言传身教下，采油站的全体员工不仅普遍提高了技术水平，而且还成长出一批技术尖子，为老油区的可持续发展提供了有力的人才支持。为此，束滨霞被辽河油田公司评为优秀站长，她所在的采油站也先后被评为辽河油田公司女职工先进集体、辽宁省十佳女职工标兵岗。

人们还赞佩她公而忘私、甘于奉献的高尚品格。

1990 年 1 月 12 日，正值苇田烧荒时，采油站附近的几处烟火正随风蔓延着。当时，已经怀孕的束滨霞正在站上保养设备。一抬头，她发现站南侧的火势正借着风势蔓延到站里的土油池边。如不及时切断火源，就会烧毁设备，后果将不堪设想。

“快来人呀，那边着火啦!”束滨霞边喊边操起灭火工具向大火冲去。她和当班的几名女工不顾浓烟的熏呛，奋力扑打。由于风大，刚刚扑灭了这边，那边又燃烧起来，自恃身强力壮的束滨霞干脆脱下棉工作服扑打起来，竟忘了自己是有身孕的人。

一阵激烈的战斗之后，火被扑灭了，一场火灾事故避免了。这时的束滨霞已累得满头大汗，坐在地上站不起来了。晚上 10 点多，腹部的阵痛让她难以入睡。丈夫当即把她送到医院，医生在诊断书上写了一行字：劳累过度，早期流产。

流产对束滨霞而言，无疑是一次打击。但她没有后悔。她认为，保护油田财产是采油工的责任，关键时刻就得豁出去，如果重新选择一次，她还是会那样做的。束滨霞忘我的精神，让油田职工深受感动。

接触过束滨霞的人，都说她有副热心肠。看见同事甚至素不相识的人遇到困难时，她总会伸出援助之手，表达关怀之情，倡导互助新风。

1998 年初，外站员工高永富的哥哥因病住院，光医疗费就花了好几万，愁得他整天无精打采，工作也没心思干。束滨霞得知后，当天晚上就把自家节省的 5 000 元送到高永富家里，让他为哥哥交医疗费，还另外拿出 300 元让他给哥哥买营养品。高永富感动地说：“咱是农村孩子，家里又不宽裕，有人还怕咱借了钱还不起呢。可非亲非故，又不在一个单位工作的霞姐却主动把钱送上门来，我真不知道该怎么感谢她。”

这么多年来，束滨霞帮助过多少人，花了多少钱，她自己记不清，别人更说不清。

1999 年初，束滨霞到北京参加中华技能大奖颁奖大会。会后，她把奖励给自己的 10 000 元奖金捐赠给了在中国石油大学就读的来自湖北灾区的马哲斌等 10 名特困学生。她说："我没有机会读大学，是件很遗憾的事。把这点钱捐给特困学生，是想让他们能读完大学，能学到更多的知识，成为国家石油工业的接班人。"

束滨霞对同志的热情和关爱，采油站的员工们有着切身的感受。野外工作既艰苦又单调，为了给员工创造一个良好的工作和学习环境，她在站上建起了"员工之家"，自己花钱买来石英钟、电热水壶和各种书籍。站里的自行车经常出毛病，她花钱买来零件，自己修理……冬去春来，站上的员工换了一批又一批，可他们都对束滨霞有一个共同的称呼——霞姐；对采油站都有一种共同的感受——亲切、温馨。

"岗位就是我的事业，工作就是我的快乐"，这种情操使束滨霞始终保持着对工作的旺盛热情，用高超的技艺创造出非凡的业绩。束滨霞——杰出的油田女工，在普通的岗位上谱写出新时期劳动妇女精彩的乐章，奏响着她的热诚奉献之歌。

撰稿：刘允海。文前照片和文内照片均由单勇拍摄。

主要参考文章

1 魏新望 . 我的徒弟束滨霞 [N] . 辽河石油报，1998-12-28 (5) .

2 徐秀萍 . 我与滨霞 [N] . 辽河石油报，1998-12-28 (5) .

3 卿玉兰口述，班庆权整理 . 两条螺栓 [N] . 辽河石油报，1998-12-31 (5) .

4 陈林龙口述，班庆权整理 . 站长的倔劲儿 [N] . 辽河石油报，1999-1-14 (5) .

“创新尖兵”罗东元

罗东元，广东省韶关钢铁集团有限公司电工高级技师，全国劳动模范，中华技能大奖获得者。在铁路电气设备维修工作中，完成了 100 多项技术革新项目，获得数项国家专利，其中“铁路道岔全自动转换装置”为国内首创，达到国际领先水平，为我国冶金企业铁路运输电气化做出重要贡献。

■ 宝剑锋从磨砺出
——记"创新尖兵"罗东元

罗东元，这个与共和国同龄、靠自学成才的男子汉，凭着一种坚韧，一份执着，用自己的聪明才智把昨天的理想变成了今天的现实。

罗东元是广东省技术工人的先进典型。1994 年 7 月荣获广东省冶金系统劳动模范称号；1995 年 12 月被评为广东省十佳技师、广东省职业道德先进个人；2005 年 1 月被评为 2004 年度广东十大经济风云人物；2005 年 6 月被中共广东省委授予广东省模范共产党员光荣称号。

罗东元是全国高级技能人才的优秀代表。1994 年 11 月荣获全国冶金系统劳动模范称号；1995 年 4 月荣获全国劳动模范称号；1995 年 11 月被评为全国技术能手；2000 年 10 月荣获中华技能大奖；2003 年当选全国第十届人大代表；2005 年 4 月再次荣获全国劳动模范称号。

"宝剑锋从磨砺出，梅花香自苦寒来。"罗东元今天的成就源于他对理想坚持不懈的追求，源于他对自身的清醒认识和严格要求，源于他对工作的满腔热情和对社会的无私奉献。

坎坷中自学成才

在广东省韶关钢铁集团有限公司，罗东元是一个"神人"。他熟练掌握钳工、焊工、管工、油漆工等多个工种的技能，并精通电气控制等理论。这一切看起来都挺“神”，可人们哪里知道，这“神”是他长期以来励志自学、刻苦钻研的结果。

罗东元只念了一年高中就上山下乡了。虽然学业中断，饱受生活的艰辛，但他始终坚信国家将来总归需要有知识、有文化的人，而要为国家做出一番业绩，就必须有知识、有文化。因此，他从没有放弃自学。他白天出工，夜里读书，没有电就点着煤油灯学习。广东的夏天闷热，蚊虫成群，罗东元就汗流浃背地躲在蚊帐里读书自学，蚊帐多次被煤油灯烧破，他多次用纸糊上，继续学习。在困难的环境中，罗东元的理想从没有动摇过。

1975 年到韶钢工作后，因为妻子、孩子没有户口，罗东元自建草舍，靠种菜养猪来贴补家用。即使这样，从铁路联结员、扳道员、货运员到电工，罗东元样样干得出色。罗东元不但认真干好本职工作，还坚持自学专业技术理论知识。罗东元坚信，有志者事竟成。

1988 年，罗东元参加了韶钢举办的“钢花杯”电力知识大赛，参赛的大都是工程师、技术员。由于题目难，评委估计 75 分可以得冠军。23 天后，罗东元突然被叫到大赛办公室，评委们对他严厉盘问，让他重考！题目照旧，时间减半，当他把 3 张试卷都交上去后，评委们彻底信服了。原来罗东元当时考了 94 分，比第二名多了 20 多分。罗东元没有文凭，没有上过相关专业学校，怎么能考出这么好的成绩？评委们哪里知道，罗东元是二十年磨一剑，不鸣则已，一鸣惊人！

1991 年 1 月，为适应主体生产与京广铁路的配套衔接，韶钢投资 1 700 多万元筹建工业站，采用了当时国内最先进的 6502 电气集中自动控制系统。韶钢运输部派罗东元等人赴柳州钢铁厂学习。在学习期间，罗东元不仅只用两个半月的时间学完了通常要用 2~3 年才能学完的技术，而且两次理论考试都取得了最好的成绩，连他的任课老师都感到很惊喜。

罗东元不但用勤奋攀越了理论难关，而且在实践上殚精竭虑地研究排除故障的最佳方案。在最后一关——多重组合复杂故障的排除上，罗东元不仅顺利地解决了这个难题，而且他排除故障的思路和方法居然和书本上说的完全不同——这又给了老师一个惊喜。

回到韶钢，已任工段长的罗东元独辟蹊径，带领电务段的同事们顺利完成了工业站的验收和接管工作。参加庆典的衡广复线铁路信号专家称赞韶钢："你们仅靠一批普通电工就能独立接管现代化工业站，真了不起！"

国内第一个工矿企业型自动控制系统

6502电气集中自动控制系统是我国在吸收外国技术基础上研制的，经过十年的反复试验和修改才在全国推广。系统投入运行以后，罗东元发现，这套系统是为大铁路运输服务的，不但结构复杂，掌握其技术难度大，而且很多地方还难以适应和满足工矿企业铁路运输的不同要求。

在对6502电气集中自动控制技术了解透彻后，罗东元向运输部领导提出了一个大胆的设想：建立一套属于韶钢自己的工矿企业型自动控制系统。

运输部领导喜忧参半。喜的是罗东元的设想与运输部领导提高运输作业效率的思路不谋而合；忧的是这是一项创新，在这一领域建立自动控制系统，无先例可循。罗东元能行吗？

面对如此大型、复杂的高科技工程，罗东元满怀信心地说："请领导放心，我会给你们一个满意的结果的。"

这是怎样的一个回答啊！在那段时间里，他每天工作15个小时以上，有时甚至到天亮。晨练的邻居见他在阳台上伸懒腰，招呼道："罗师傅也这么早？"罗东元不置可否地点点头。邻居哪里知道，罗东元是通宵达旦苦战呢！

多少个不眠之夜，工人们常常看见身体单薄的罗东元忙碌的身影。

这是一个全新的系统，无论规模和对主体生产的重要性，以及设计难度都是空前的，那绝不是量的堆积，而是质的飞跃，无疑是对罗东元信心、能力和胆识的重大考验！罗东元从未受过一天工程设计的正规教育，也没有任何专家直接指导。工程的设计涉及超大规模逻辑电路、高低压供配电技术、模拟和数字电路技术、变频技术、过压过流安全防护技术、交直流稳压

罗东元在韶钢运输系统
主控室机房核查控制线路

技术等，大量的技术参数需要计算和设定。由于全部采用创新技术，罗东元必须重新设计供配电系统和配电柜、继电组合架、分线柜、控制台、逻辑电路原理图、元器件图、装配图、各种电路板、各种变压器的参数和绕制、各种机件的机加工图和安装尺寸、各种电缆的选型和配接图等。先不说系统有多么庞大，结构有多么复杂，一个大型工程，仅需要标注三个参数的接线端子就达数万个，太难了！但罗东元丝毫没有胆怯，他参考了大量的专业书籍和资料，创造了一系列简明的更易掌握的电路、图形和装配的表示方式。在完成了基本设计之后，罗东元带领 6 个工程组开始进行实施。他白天奔走在各个工程组和工程点检查和指导制作，并亲自进行大量的示范，晚上还要继续完善设计方案。创新的冲动使罗东元每天都精力充沛、不知疲倦。

特别是在现场安装的那段日子里，连机关领导干部和科室人员都到现场参加放电缆，百十号人分布在各个施工点，罗东元用于指挥和联络的电话和对讲机响个不停。他奔走在数公里的工地和总装室之间，壮观的场面和紧张的气氛令罗东元激动不已，同时他深知自己承担的巨大风险：无法试验模拟，但必须确保成功!

1992 年 9 月，罗东元的设计方案成功地应用在破碎场低铜矿区两组道岔的作业区上。

1996 年 4 月和 11 月，两大站场的电气集中工程先后完工，成功投入使用。

罗东元的设计遵循了我国铁路信号的安全和技术基本原则，具体电路则完全是独辟蹊径。采用这样的设计，节省了投资 50%~60%，完全满足了韶钢铁路的实际要求，电路非常灵活，还可根据不同要求做个性化设计。整个工程是罗东元和他的助手们自己设计、自己施工的，并且施工和维护是同一支队伍，大大提高了信号技术队伍的综合技术水平。

填补空白的两项发明

1991 年，韶钢发生一起火车与汽车相撞的交通事故，事故现场惨不忍睹。罗东元心想：韶钢铁路平交道口多，道口工光凭一双眼睛难以判断火车是否通过道口，如果能设计出一种安全可靠、造价低廉的自动预告装置，就会减少这种惨剧的发生。于是，罗东元又一头扎进了电子信号的符号堆里，设计图样上不知留下他多少汗水，铁路道口边也不知留下他多少脚印。

1991 年 7 月，罗东元成功研制出"电子式铁路平交道口自动报警装置"，并在韶钢厂区内 21 处平交道口推广应用，有效地解决了火车通过道口时的预警问题。此项发明于 1994 年获得国家专利。道口工人再也不用紧张地站在道口瞭望，坐在操作室里就能准确地知道机车是否接近铁路道口。

韶钢开通 6502 电气集中自动控制系统以后，轨道电路漏电经常影响系统正常运转，如不及时排除，就会使站场局部甚至系统陷于瘫痪。因此，准确检测和排除故障成了当务之急，但国内却没有专用的检测仪器。

这个卡脖子的难题深深困扰着罗东元，他彻夜难眠……一个清晰的设计方案浮现在他的脑际。草拟出故障检测仪的图样后，他才惬意地站起身，伸伸腰，打了个哈欠，推开窗户，东方已泛鱼肚白了。

天大亮后，罗东元兴奋地爬上废钢堆，捡回一些废弃的变压器铁芯和旧材料，开始组装刚设计出来的检测仪。

就在这时，204/216 区段又发生了故障，罗东元和同事们扛着还没有完全组装好的检测仪赶赴现场，当场对检测仪进行检验。

罗东元成功了！极为隐蔽的故障点很快被检测仪查找出来。大家高兴得跳了起来，有人拍着这台检测仪说："真是太好啦，就是笨重了点。"

经过反复实践和不断完善，一台性能可靠、操作简便、体积轻巧且造价低廉的轨道故障专用检测仪诞生了。罗东元将它命名为“25/50Hz 轨道故障侦探仪”。有了这个侦探仪，就好像有了孙悟空的火眼金睛，再隐蔽的电路故障也能快速准确地查找出来。

“电子式铁路平交道口自动报警装置”和“25/50Hz 轨道故障侦探仪”是罗东元的重大发明，它们填补了我国在工矿企业铁路道口预警和轨道电路漏电检测方面的空白。

敢为天下先的全自动转换装置

1993 年，我国从日本引进“JD 型车上转换装置”专利技术，当时由冶金部负责将这项技术在钢铁行业中推广使用。

在杭州钢铁厂的作业现场，细心的罗东元发现，日本的专利技术也不完善：在主要运行方向，只能靠司机或调车人员在运行中去扳动设在路边铁架上的手把来控制道岔，存在一定的危险性。而且在这段时间内，如果车辆是推送作业，前方的联结员就要早早攀爬到车厢边的铁梯上等待扳动手把，由于前方无人瞭望，这种方式对于操作人员和车辆运行来说也是极不安全的。

罗东元构思着比这项半自动技术更完善的控制方案。回到韶钢，他带领一批技术骨干对这套装置进行了脱胎换骨的改造，除了保留其机械部分外，对其电路部分全部进行了重新设计。

1993 年 11 月 3 日，这项达到国际领先水平的冶金企业铁路道岔全自动控制新技术在韶钢诞生了！

1994 年，全国冶金重点企业运输科技工作会议原定于 10 月在武钢举行，专家们听说韶钢的罗东元的发明十分了得，都想看个究竟，临时将会议地点改在了韶钢。会议进行得十分热烈。专家们在示范现场久久不愿离去，道岔全自动转换装置和区域性电气集中自动控制系统的演示进行了一次又一次。

在韶钢道岔自动控制现场，专家们看呆了——没有扳道工，机车却能够灵活自如地运行，对前方道岔的控制完全是自动化的。这就是罗东元研究的“铁路道岔全自动转换装置”。多年的使用证明，罗东元的发明安全高效、性

罗东元在介绍韶钢铁路运输系统平面图

能稳定。这个创造发明既体现了他对传统、标准电路的深刻理解，又体现了他对技术的革新和创造，为工矿企业内大量分散道岔的自动控制开辟了新途径，为我国冶金企业运输电气化做出了重要贡献。

“铁路道岔全自动转换装置”于 1995 年 12 月获得国家专利；1999 年 9 月获第十二届全国发明展览会银牌奖。

多年来，罗东元完成大小革新项目 100 多项，其中有 2 项获国家实用新型专利，有 6 项重大核心技术已达到申报国家发明专利的等级，有 5 个技术进步项目通过省级成果鉴定。特别是近年来开发并获得大范围成功应用的几项发明，都是国内外没有的新技术，解决了我国工矿企业铁路自动控制领域普遍存在的重大难题。

罗东元的发明创新技术成功地运用于韶钢铁路运输的技术改造中，大大节省了投资，为韶钢创造了良好的效益。根据不完全统计，罗东元的创新为韶钢创造效益、节省投资超过 3 000 万元。而且，罗东元的技术创新大幅度地提高了铁路运输效率，确保了运输安全，为韶钢的快速发展提供了现代化的运输保障。

“创新尖兵”带出全能团队

作为现代化工矿企业铁路运输大集体中的一员，罗东元深深地知道：仅有一个人拔尖不是成功，只有团队的强大，才能保证事业的成功。

2005 年 6 月 3 日，对韶钢运输部技术骨干刘镇洋来说是一个难忘的日子。在运输部“导师带徒”签约仪式上，罗东元正式和他签订了师徒协议。让刘镇洋没想到的是，第二天，罗东元就从繁忙的工作中挤出时间与他长谈，和他一起制订了学习计划，并赠予他学习书籍。罗东元要求刘镇洋不断总结维修过程中的规律性数据，提炼出新的适应现代化生产的维修技术和方法，实现从施工、维护到设计的飞跃。

实际上，在1993年刘镇洋来到运输部时，罗东元已经是他的师傅了。

当时的运输部，技术力量不尽如人意。员工大多是从别的部门调来的，专业技术与铁路信号没有关系。为了尽早实现运输部对现代化运输站的接管，罗东元抓紧对员工进行专业技术培训。他除了按照课程安排进行授课外，还抓住一切时机向同事们讲解电路原理。在作业现场或班组休息室，一支粉笔甚至是一截树枝就成了他的教学工具，班组休息室的地板上常常布满了他所画的电路图。罗东元成了运输部所有搞铁路电气工作同事们的师傅。

对于学习，罗东元要求很严格。每次上新课前，他都要求大家把上一堂课讲的电路图在黑板上画出来。通过这种背电路图的方式，让同事们将复杂的铁路运输电气控制电路熟记于心。

罗东元抓培训与搞发明设计一样，讲求简明实用。在调试设备及处理故障时，他通过在现场让同事们观摩自己如何采取措施解决问题的办法，使大家快速掌握电气控制原理和实际操作技能。

工作中，他一有新想法、新设计，总是乐滋滋地马上和大家一起探讨。只要有人请教，无论何时何地，罗东元总是“倾囊”相授。同事们说：“跟着罗师傅上班，是我们的福气，他不是怕我们学多了，而是生怕我们不学或者学少了。”

长期以来，罗东元和同事们建立了亲密无间的情谊，他深知在现代化大工业生产中，只有依靠集体的智慧和团队优势，互相帮助、团结协作，才能战胜前进道路上的各种困难，不断夺取新的胜利。

如今，运输部这些原本对铁路信号知识一无所知的员工们，已经成长为一支在全国工矿企业中独一无二的铁路电气自动化控制全能队伍，从设计、施工、调试到维护、保养、检修，人人都能独当一面。在韶钢新型站场的建设中，从供电系统、控制台、轨道信号箱到继电器安装架等，都是罗东元和这支全能队伍自己设计并制作的。

罗东元以精湛的技艺，平易近人的风格，长者的宽厚仁爱，独特的人格魅力，深深地感染着周围的同事。罗东元带出了一支全国工矿企业铁路信号专业中最出色的全能团队。经过多年的培养和磨炼，这支队伍既能做好日常的检修和维护，又能承担大型、特大型信号工程的设计和施工任务，为韶钢的持续发展提供了宝贵的人才资源。

在韶关，十里钢城掀起了学习罗东元的热潮。韶钢人纷纷表示，要以罗东元为榜样，争做学习型、知识型、创新型、复合型的新时代建设者。韶钢董事长说：“伟大的时代呼唤高技能人才，伟大的事业造就高技能人才，时代给了罗东元施展才能的大舞台。韶钢要用罗东元的精神打造具有国际竞争力的高素质团队，促进企业健康快速地发展。”

撰稿：储开稳。文前照片由黎志雄拍摄，文内照片由吴长江拍摄。

■“焊接巧匠”高凤林

高凤林，中国航天科技集团公司第一研究院特种熔融焊接高级技师，全国十大能工巧匠，中华技能大奖获得者。技工学校毕业生。在火箭发动机焊接工作岗位上，刻苦钻研，大胆创新，实现技术革新近百项。提出和创造多层快速连续堆焊加机械导热等多项新工艺方法，攻克运载火箭发动机大喷管焊接难关，高标准地完成多种运载火箭重要部件的焊接任务。

神技天焊
——记“焊接巧匠”高凤林

2004年8月，夏日的北戴河凉爽惬意。

在凭窗临海的一间会议室，来自祖国各条建设战线的数十位精英在这里聚会座谈。

他们中间，有一个名字我们耳熟能详——杨利伟——我国第一位遨游太空的航天员；有一个名字我们鲜有耳闻——高凤林——我国数十万航天人中的一名技术工人。在这样一个特殊的场合，杨利伟第一次知道了高凤林这个默默无闻的名字，第一次见到了高凤林这个在平凡岗位上做出不平凡业绩的技术工人。著名航天英雄的手和普通工人的手紧紧地握在了一起。

一

高凤林是中国航天科技集团公司第一研究院首都航天机械公司的一名焊接工人，主要负责液体火箭发动机燃烧室、发动机喷管和发动机机架等发动机系列部组件的焊接工作。不了解焊接的人可能会认为：焊工就是我们经常在电视或电影里看到的那种用厚厚的帆布工作服把自己包裹起来，一手拿着防护面罩，一手拿着焊枪，夏天一身臭汗，冬天一身风寒，在刺眼的蓝色弧光中溅落一地星火的人。

事实上，高凤林的工作远不是人们想象的那么简单！

这里，有必要给大家介绍一下焊接在航天运载工具生产中的作用。火箭是一种飞行器。飞行器分为两大类：航空器和航天器。前者如飞机，后者如火箭。不管哪类飞行器，都由两大部分组成，一是主体结构，就是机身；二是动力装置，就是发动机。以飞机为例，早期主体结构和动力装置的材料以钢材为主，通常用螺栓、铆钉等机械方式连接，这样不但飞机的自重很大，而且多方面限制了飞机的性能。为了改变这种状况，后来的设计师们在使用传统钢材的同时，逐步使用了铝合金、钛合金等新型轻质材料，甚至使用非金属复合材料；结构之间的连接也发展为主要以焊接的方式进行，尤其是动力装置——发动机的制造，焊接更成为结构连接的主导。我们知道，飞机、火箭这样的产品一旦使用，就处在一种高速、剧烈的运动之中，这就对焊接的质量等提出了更高的技术要求。这不但促进了传统的火焰和电弧焊技术的发展，更直接催生了多种新型的特种焊接技术，如气体保护焊、电磁脉冲焊、各种高能高束焊等。所以中国工程院院士、中国焊接学会第四届理事长、原国际焊接学会副主席关桥先生认为：航空、航天设备制造中的焊接技术是一个时期全部焊接技术运用的高地，而其中航天运载工具——火箭发动机制造中的焊接技术又是这个时期全部焊接技术运用的顶峰。

高凤林从小就十分懂事。5 岁就失去父亲的他十分珍惜来之不易的学习机会，在班里一直是品学兼优的好学生。母亲希望他成为一名懂技术、对国家有用的人才。读完高中，高凤林如愿地考入了原第七工业部下属的技工学校焊接班。“选择自己喜欢的，喜欢自己选择的。”高凤林在技工学校的学习中如鱼得水，将自己的天分和对焊接的热爱发挥得淋漓尽致。

技工学校的老师在学生们入学时便告诉他们：“焊接这门技术，入门容易精通难。航天设备对焊接技术要求很高，想毕业后留在本系统成为我国航天事业的焊工则是难上加难。如果有一天，你们中的哪一位能够成为火箭发动机的焊工，那就是我们当中的英雄了。”当时有调皮的学生问：“老师，那您为什么不能成为英雄呢?”老师微微一笑，指着自己的头说：“我的大脑是

‘英雄’，但我的手却是‘狗熊’，焊接除了需要用脑外，还要有手上的功夫。什么是手上的功夫？就是要像外科医生那样精巧细致，要像钢琴家那样灵活准确，要像画家那样稳重和谐。你们说说看，你们中有谁能达到这一步啊？”

高凤林看了看自己的手，狠狠地攥紧了拳头，把老师的话和自己学好焊接的心愿牢牢地攥在了手心里。

二

两年的技工学校生活转眼即逝。技工学校的学生都在车间实习过，大家都很用功，也很优秀，所以毕业后通常会留在实习过的车间工作。但令大家意想不到的是，高凤林竟被发动机车间的书记、工段长和组长一起看中，被破格调到专门制造火箭的心脏——火箭发动机的车间里工作。同学们都知道高凤林平时学习刻苦，爱自己琢磨问题，是他们中焊接的好苗子，但车间这样兴师动众地要他，是许多人想不通的。连负责毕业生分配的工作人员都一脸狐疑地问车间焊接工段长：“这么多优秀的学生，你怎么就单单挑中高凤林了？”工段长狡黠地一笑：“要知道，外行看热闹，内行看门道。高凤林的潜力大着呢！”

高凤林的“门道”是在焊接班下厂实习时，被工段长无意中发现的。

与许多学生一样，高凤林第一次拿焊枪也很不顺手，当他一手用焊枪夹住焊条，一手拿起防护面罩时，焊条已不自觉地接触到练习用的铁板，那突然闪出的耀眼弧光和焊条熔解的嗞嗞声，吓了他一跳，他下意识地将焊枪向上一提，焊条却从焊枪上掉了下来。他放下防护面罩，关掉电源，一屁股坐在地上，半天没有再动一下。

回过神，高凤林拿出一支笔、一个笔记本，在上面认真地记录着什么，接着去看师傅的操作过程，再去看其他师傅是如何操作的，然后回到自己的工位，先模拟操作了一遍，想一想，又模拟一遍，在纸上写下些什么，再模拟一遍。终于开始实际操作了：他打开电源，操起焊枪，拿起防护面罩，深吸一口气，稳稳地将焊枪在铁板上轻轻一点，弧光闪现，他屏气凝神，在满地洒落的“流星”中，完成了他人生中的第一道焊缝。

这一段，恰好被偶然经过的焊接工段长看到。工段长好奇地拿起高凤林的笔记本，只见上面写着的是焊接的操作规程“1.…2.…3.…”，再就是自己操作时的心理变化“1.…2.…3.…”，还有师傅和同学们操作的动作特点“1.…2.…3.…”，最后是3个大大的字加3个大大的惊叹号：“稳!”“准!”“匀!”工段长心里暗暗叫好：这个学生了不得，第一次实习就知道自己思考、感悟焊接的基础要领，是个好苗子。

工段长放下本子，仔细看了看高凤林的焊缝，微微地叹了一口气，操起焊枪，在那条焊缝的旁边另焊了一条焊缝，然后放下焊枪，没有说一句话，径自从高凤林身边走了过去。等高凤林回过神来，工段长的身影已经消失在了车间门外。

铁板上的两条焊缝，一条像扭曲的蚯蚓身上堆满了褶皱的疤痕，一条似笔直的渠水被微风吹出了富有韵律的波纹。

高凤林开始跟自己叫板了。当同学们在操场上生龙活虎地打球、玩耍时，他手握红砖，伸直胳膊，独自站在烈日下一动不动，任汗水在脸上、身上肆意流淌；当同学们在食堂敲打着饭盆，津津有味地吃着，谈笑风生时，他下意识地将筷子从嘴边慢慢移动到碗边，再从碗边移回嘴边，等他吃完饭，食堂里早就空无一人。同学们都觉得他学得太投入了，有点怪，但他对这些并不在乎，他的心里只有那条似笔直的渠水被微风吹出了富有韵律的波纹的焊缝和狂喷着烈焰、雷霆万钧、直冲云霄的火箭。

实习期间，高凤林几乎将所有的时间都用在了车间，做了车间几乎所有的杂事，成了车间几乎所有师傅的徒弟。现在他如愿地成了发动机车间的一名焊接工人。在众人怀疑的目光中，他该怎样做才能让自己成为真正的“英雄”呢?

工段长没有急于让高凤林独立操作。高凤林虽然出色，是个好苗子，但还需要锻炼和提高。高凤林也深知这一点，只要一拿起焊枪，总是小心翼翼，他深知自己手下焊接的是将要冲上蓝天的火箭发动机的零件，神圣的使命感让他不敢有丝毫懈怠。以后的两年里，他连续跟了4位师傅，他的勤奋刻苦、聪颖好学，令师傅们欣喜不已。他们使尽浑身解数，恨不得立刻将全部技艺都传授给他：熔焊、冷焊、连续堆焊……但高凤林记得最牢的是师傅们教给他的一句话，要做一名合格的火箭发动机焊工，必须做好"三个到"——意到、手到、工艺到。具体地说，就是焊接前成熟思考，焊接时万无一失，焊接后踌躇满志。

三

机会总是垂青有准备的人。

1983年，"长征三号"火箭发动机燃烧室的研制工作在进入最后组装阶段时出现了问题。动力装置——发动机是飞行器的核心，而燃烧室又是发动机的核心，燃烧室尾部的喷管由于结构复杂且采用了特殊的金属材料而造成焊接困难。试验表明，由于熔焊焊缝比较脆，难以承受设计的压力，极易造成冲压断裂，对于发动机的燃烧室来说，这是致命的。高凤林分析，师傅们的操作技术没有问题，问题应该出在材料内部的应力上，这种应力可能是传统焊接技术难以克服的，若是从改善材料或焊接的应力着手，也许可以解决问题。他大胆地提出了自己的想法，一语道破梦中人，打开了大家的思路。

焊工判断材料的应力大小及如何控制焊接应力通常靠经验。但面对新材料、新结构、新问题，经验有时反而会成为工艺思考和技术运用的盲点。高凤林没有丰富的经验，没有框框，这成了他思考问题的优势。工段长说："小高，既然你有了成熟的思路，你就试试吧！你的本事该拿出来给大家看看了！"

高凤林有些迟疑："我？能行吗？"师傅说："不试，你怎么知道自己不行？"

"行，那我就试试！"高凤林说这话的时候，心里已经断了打退堂鼓的后路。

于是，他一头扎了进去。在他小小的工作区，焊枪枪口喷射出的一束束蓝色火焰的焰心，和着他的心血、坚韧和汗水，变化着各种轨迹，绘就着各种图案……他成功地解决了火箭发动机燃烧室尾部焊缝的冲压断裂问题。

他荣立了三等功。这年，他 21 岁。

四

他的名字——高凤林，在他进入发动机车间的第三个年头，闯进了总工程师的视野。

第一次到总师办公室，高凤林胆怯、局促。两位总师对他的关怀与期望仅凝聚在几句话中："小高啊，航天焊接领域有许多急需攻克的技术难关，你要不断地用理论武装自己才能对现有的焊接技术推陈出新。以后喻以明高级工程师直接指导你的工作，要是工作中出现了什么要紧的问题，你可以直接来找总师。"

高凤林没有说话，用心地听着。当他离开总师办的时候，先前的胆怯早已烟消云散，心中充溢着领导的信任和期盼。此后，他在每月交给母亲的工资中都留下 5 元钱，用来买焊接方面的书籍。从书中他了解了许多新的焊接方法和技巧，并开阔了视野。

高凤林开始褪去稚气，用他灵巧的双手和聪慧的心智，勤苦攀爬焊接技术的高峰。

1989 年，他攀上了"焊接高地"的第一座高峰。

那是亚洲最大的火箭整箭振动塔，高达 80 米，用于我国第一种大型捆绑式运载火箭——长征二号 E 运载火箭，也就是人们习惯上称为"长二捆"火箭的整箭振动试验。振动塔建设的关键是塔中用于支撑火箭振动大梁的焊接能否达到要求。振动大梁是用特殊材料焊接而成，这种材料在常温下强度非常高，韧性非常好，是制造振动大梁的最佳材料，但它却给焊接带来极大的困难。这种材料焊接应力状况极为复杂，按照设计要求，焊缝强度不能小于材料本身强度的 90%，属于质量标准最高的一级焊缝。

"长二捆"火箭专为发射澳洲卫星而研制，成功发射澳洲卫星将是我国航天技术在国际上的一次展现。第一次受命承担如此重任，高凤林知道这项工作不仅包含着领导的信任，更是本次发射成败的关键之一。他将自己关在屋里，整整3天没有出门。在这3天中，他根据自己多年学习和积累的经验提出了一套全新的焊接方案——通过控制温度来完成焊接工艺要求。整套方案得到了从总工程师到一线技术人员的认可，没有人提出任何异议。

高凤林没有亲眼看到“长二捆”携带着澳洲卫星成功发射的一刹那，当巨大的轰鸣声伴着烈焰升腾的辉煌通过卫星电视展现在全世界面前时，在距离发射现场万里之外的那间小小的工作室里，高凤林的焊枪正默默地闪烁着一束束静谧的蓝光。

该焊接工程获得了原航天工业部科技成果一等奖。

十年后，我国开始实施载人航天工程，高凤林主焊的这座振动试验塔能否继续服役？有关方面对振动大梁进行了压力强度的升级测试，结果表明，高凤林十年前焊接的振动大梁，承载能力超过了设计性能60吨。“60吨？”测试人员有些疑惑，再测、再算——这可是关系到载人航天工程的成败啊！任何一个数字都不允许有误差，最后的结论还是“60吨”——这是绝对正确的一个数字，是绝对奇迹的一个数字——这是属于高凤林的一个数字，也是我国航天科技发展中焊接技术上的一个数字，还是我国载人航天工程的一个数字。高凤林在经过十年的助跑后，终于在一个足以傲视群峰的高度上起飞了。

1990年，长三甲三子级发动机的研制因焊接受阻，总师亲临现场。高凤林主动请缨，向总师提出自己的看法：该发动机结构极为复杂，在此结构上施焊，既要保证不同材料间焊缝的充分熔合，满足发动机强度要求，又要保证最大限度地减少热输入量，以减少应力和变形，避免内外壁不同材料之间脱离分层，可以尝试改变传统的焊接工艺。

总师和在场的专家反复讨论，一致认为这是个值得尝试的方法。

总师向高凤林伸出手，慌乱中高凤林连防护手套都忘了摘下，但高凤林还是感受到了总师的手传递给他的力量。他整装待命，在众多专家和师傅的注视下，打开了电源开关，手里的焊枪立时就喷射出一束炫目的烈焰。

高凤林解决了这道难题。在后来的技术分析会上，总师将解决这道难题的方法称为“发明”。

从高质量地完成本职工作，到解决生产中的难题，到发明生产工艺，这是一个发展的过程，也是一个质的飞跃。在这个过程中，高凤林深知学习的重要性，更懂得理论知识和生产实践结合所产生的伟大力量。他成功了，并成为长征三号系列火箭研制、发射的主要功臣之一。没有他——焊接巧匠和一大批杰出的技能人才，再优秀的设计也只能是美好的蓝图，这就是技能人才尤其是高技能人才不可替代的价值。

五

新的巅峰又矗立在高凤林的面前，这就是长三甲三子级发动机螺旋管束式大喷管的焊接。

火箭发射时上千摄氏度的火焰都是从发动机螺旋管束式大喷管喷出的，喷管有一丝泄漏都会导致发动机的爆炸。每个喷管都是由数百根几千毫米的方管排列组成的，要实现良好的对接焊，极薄的一段其焊接时间必须控制在0.1秒内，否则方管不是瞬间被烧穿就是被焊漏，而不管何种情况的出现，都意味着焊接的失败、整个研制周期的延长和数百万元的经济损失。

管束式大喷管发动机是否能够研制成功是我国能否进入世界航天大国之列的标志性工程之一，而这种大喷管的焊接在屈指可数的几个航天大国都是航天发动机的关键技术。

总师办组织了精干的研制小组，进行了无数次的测试、试验。正当大家一筹莫展的时候，默默关注这一难题的高凤林走进了总师办。这一年是1991年，距总工程师第一次把他叫到总师办整整过去了8年，8年的时间已经使他成长为焊接领域的专家。主管发动机研制工作的副总师当即决定，让高凤林主持攻关。

集体的力量是无穷的，但是这个集体必须有一个重量级的领军人物。一个技工学校毕业的技术工人要领导一个由焊接科技精英组成的团队，没有一点儿自信和绝技绝对是一件不可思议的事情。

高凤林与组内同志在工作现场编制、比对和修正产品焊接程序

接下来的30个日夜，高凤林和他的焊接小组不断改进焊接工艺：隔道焊分散累加间隙法；预紧反变形法；短距离连续焊防变形法；做插形铜垫夹具防下溢；下坡焊；起弧点加丝；管壁内保护……

没有预料到的是，当长达近千米的焊缝完成最后一个焊点，送X光透视检验时，竟被判定为多处焊缝背部有裂纹。这一判定，无疑是给大喷管判了死刑。当这个结果摆到高凤林面前时，还没来得及舒上一口气的高凤林，犹如沸腾的钢水突然被泼上了冷水。短暂的失望与沮丧后，他不相信经过自己严密计算、精心焊接的大喷管会出现这样的结果。他什么也没说，把自己关在屋子里，对大喷管的结构、使用的材料、焊接的程序一一进行了复验，最后他果断地提出：X光下的裂纹是假象。

X光透视检验结果惊动了火箭研究院的总师。副院长和总设计师亲自主持了技术分析会，副总师一方面责成冶金处对焊缝做剖切分析，一方面让高凤林做专题汇报。经过全院上下反复周密的论证，最后总设计师宣布：高凤林的判断是正确的。

高凤林终于到达了焊接的巅峰！

然而，在这个峰顶上还有一个难关在等着他，它是一道困扰了发动机研制人员整整4年的焊缝。这道焊缝的作用就是将发动机喷管和发动机机身上的法兰盘连接起来。2003年12月，高凤林在接受中央电视台《焦点访谈》栏目专访时回顾说：“这个难关在应力。由于局部高应力的产生，促使它（焊缝）在很复杂的断面上形成细微的裂纹，从而产生渗漏现象。这种原因找到以后，我们采用了很多方法都不行。当时我灵光一现，采用高强脉冲焊，它的热输入量可以减少 3/4 左右，它的应力状态可以减少 1/2 还强。这样经过 20 多个日日夜夜，上百次的试验摸索，终于攻克了这个难关。”高凤林在讲这段话的时候，表情出奇的平和，语气出奇的平淡，让人觉得他所做的只是一次普通的焊接，焊接的只是一个普通的工件。这除了他特殊的人生轨迹造就的个性因素外，更多的是一个已经站到了所在领域最高点的智者的风范，诚如我国古代哲人所言：强者示弱，弱者逞强。

这个项目获得了国家科技进步二等奖。

一个只有技校学历的技术工人能够获得这样的奖项，在行业内、在全国，都是极为罕见的。高凤林再一次用事实证明：技能人才同样可以取得非凡的成就，同样可以和光环耀眼的科学家、教授、工程师们站在同一个领奖台上，获得社会的尊崇。

高凤林用焊枪取得了一连串的技术成就，用奉献创造了一连串的人生辉煌。

1993 年，高凤林采用气托内保护技术，使焊缝不产生渣化下塌现象，解决了某型号火箭发动机隔板经常出现缩裂、堵塞、X 光透视检验不合格的难题，获得了合理化建议一等奖。

1995 年，高凤林应研究所焊接研究室的邀请，参与攻克长三甲运载火箭模合超薄材料在极其复杂和高难焊接过程中易产生波浪变形的难题。同年，高凤林又在此基础上协助研究所开发研制大型超薄波纹管获得成功，该产品原来只有美国等少数几个国家能够生产，我国则完全依赖进口。这个成功不但填补了我国的一项空白，也标志着我国此项技术达到了国际先进水平。

1996 年，高凤林采用气保护双面成型焊接，攻克了某型号火箭发动机试车振动中头部中心肋焊缝开裂的难题，再获合理化建议一等奖。

……

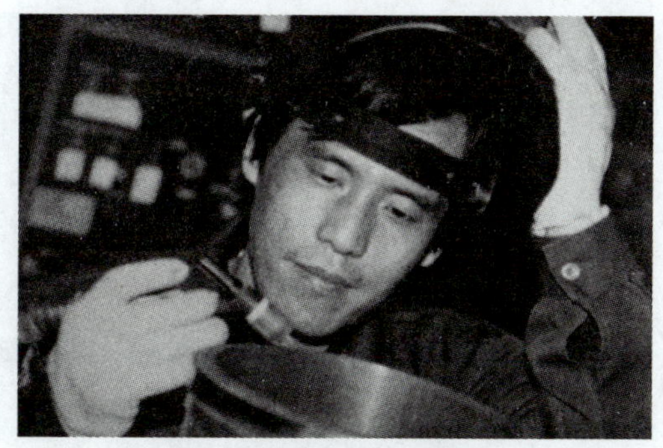
高凤林在焊接氢氧发动机机身

2000年，高凤林突破了理论禁区，在国家863预研项目大推力氢氧发动机燃烧室的焊接攻关中，解决了4种不同材料对接焊在高压高温环境下要求所有焊缝必须保证一级，而理论上又难以达到的难题，创立了机械控制、操作、气体流量比选择等一整套工艺方法，使焊缝一次合格率达到100%。同年，高凤林又通过改进加工材料，改变材料的工艺状态，增加压边滚焊，增强结构局部强度，采用真空电子束等高能束流焊接，攻克了氢阀、氧阀和泵前氢阀、泵前氧阀等重大技术难题，受到了总师办的特别嘉奖。

高凤林是一名最基层的焊工，却常常出现在最高级别的技术分析会上；高凤林没有任何令人刮目的头衔，却被总经理破格指定参与制定部级质量焊接标准配套文件；高凤林不是管理人员，却屡次受命全权制定工艺方案、领导技术革新……高凤林明白，他手里的焊枪承载着国家的航天使命，承载着民族的尊严。

让我们记住这个名字——焊接巧匠，航天系统第一把焊枪——高凤林。

撰稿：宦平、赵昉。文前照片由谭晓拍摄，文内照片由赵军拍摄。

主要参考文章

1　高歌．高凤林：一束弧光一首歌［N］．首航时空，2005-1-30（11）．

2　张涛，盛若蔚．唯才是举　千帆竞发——党中央、国务院邀请百余名专家高技能人才北戴河休假侧记（下）［N］．人民日报，2004-8-20（12）．

“采机神医”栗俊平

栗俊平，山西焦煤集团公司采煤机维修高级技师，全国劳动模范，全国五一劳动奖章、中华技能大奖获得者。在采煤机维修工作中，掌握了各种型号采煤机的工作原理和技术性能，发明“栗俊平采煤机故障排除法”并得到推广，成功解决采煤机多发和复杂技术问题，为现代化采煤技术的应用和推广做出重要贡献。

手握绝技，创造奇迹
——记“采机神医”栗俊平

栗俊平，山西焦煤集团西山煤矿总公司官地矿机电科采掘机电管理组组长，采煤机维修高级技师。参加工作以来，他从一名普通的采煤工逐渐成为一个具有传奇色彩的人物。

在栗俊平工作的官地矿，人们把他誉为“采机神医”。每当采煤机发生故障时，人们总是习惯地想到“找俊平”，总是会说“栗俊平一到，病机准治好。”他先后被官地矿、山西焦煤集团公司评为劳动模范、特级劳动模范；被太原市人民政府、太原市总工会授予劳动模范、太原市十佳名师称号，荣立太原市经济技术创新工程一等功，被树为太原市“六学”标兵；被山西省总工会授予山西省职业道德标兵、五一劳动奖章和山西职工技术创新能手称号；被山西省人民政府授予特级劳动模范称号；2000 年，获得全国技术能手称号；2002 年，获得中华技能大奖；2003 年和 2004 年被中华全国总工会先后授予五一劳动奖章和全国职工创新能手荣誉称号；2005 年荣获全国劳动模范称号。

这一项项荣誉，都凝聚着栗俊平多年来刻苦钻研的学习精神、技术攻关的创新成果、技能报国的突出业绩和无私奉献的高尚品质。

懂技术才是合格工人

1978 年 12 月，栗俊平从山西五台县一个偏僻的小山村来到官地矿当了一名采煤工。当时，这位农民的儿子有一个朴实的想法：能吃苦，多挖煤，当一名好工人。

1979 年，栗俊平所在的采煤队改为综合机械化采煤队，用上了从法国引进的先进设备——沙基姆采煤机。先进设备的投入使用，确实减轻了工人的劳动强度，提高了生产效率，原煤产量由原来每月的 4 万多吨提高到 6 万多吨。工人们说，这“洋玩意儿”挺不赖，还真能“下蛋”。可过了一段时间后，大家的看法渐渐变了，采煤机接连出现故障，经常“趴窝”。那时，队里的同志检修技术普遍不高，有时遇到一个很小的故障，常常几天都查不出原因来，花几百万元进口的采煤机常常几天连一吨煤也生产不了。面对这台二三十吨重、大小一万多个零部件的庞然大物，全矿上下焦急万分。

当时，作为采煤机司机的栗俊平心想：人家能造出来，咱就不会用？他深深感受到，现在煤矿机械化水平提高了，作为一名采煤工人，光有劲、能吃苦，并不能多挖煤，不能算好工人。只有掌握了技术，会排除故障，不让机器“趴窝”，才是合格的工人。从那时开始，他就到检修班当了一名采煤机专职修理工，并下决心要把采煤机的检修维护技术学到手。

只有初中文化的栗俊平，最初看英文资料像看天书一样。但他坚信，只要坚持不懈地下功夫，就没有学不会的东西。他在干中学、学中干，缺什么、学什么。当时，进口设备的相关资料不全，他东找西借，把所有能找到的进口采煤机的使用说明书、图样和相关资料全部找齐，下班后一字一句地认真研读，每天的工余时间变成了他的学习时间。

栗俊平钻研技术既勤奋刻苦，又贯穿着科学精神。1980 年的一天早班接班后，采煤机在割了不到半刀煤时，突然发生滚筒不能调高的故障。栗俊平根据液压系统压力表显示过低的情况，直接打开了调高泵箱，以为只要更换与滚筒有直接联系的单柱塞泵就能解决问题。然而，更换了单柱塞泵之后，采煤机滚筒仍然不能调高。后经机修厂专职检修人员检修发现，原来是由于调高泵的弹簧过度疲劳、整定数值过低，达不到调高液压系统的工作要求，导致两个滚筒不能调高。这次故障造成两个班停产。

这件事对栗俊平触动很大，用他自己的话说，"一项技术就是一个有机的系统。要全面掌握一项技术，就需要系统地去学习，容不得一知半解"。为了更加系统地学习掌握采煤机检修专业理论，他省吃俭用，先后购买了《液压传动》《机械基础》《采煤机自动化基础》等100多本专业书籍。

多年来，栗俊平始终战斗在井下一线，承担着全矿的采煤机维修和故障抢修任务。他把自己视为急诊室的医生，说"不能让故障等人，人要主动地去预防故障"；他把自己视为卫兵，说"检修岗位责任重大，不能离开人"。强烈的责任感和高度的事业心驱动着他总是早上班、晚下班，每天都在井下工作十多个小时。

然而，当栗俊平每天拖着疲劳的身体走出井下的时候，他还雷打不动地坚持做两件事："啃"几页自己买来的那些书；对照书本上的理论知识，结合检修中遇到的问题，写学习笔记。遇到自己弄不懂的难题，他就及时向专家请教，并把专家的指点变成自己的理解，记在笔记本上。就这样，他记下了近10万字的学习笔记。

通过不断实践、自学、求教、再实践，栗俊平积累了专业知识，提高了技术水平。官地矿的采煤机有从英国、法国、波兰等国家引进的，也有国产的，其型号有十多种。对于这些不同型号的采煤机，栗俊平都能熟练地掌握它们的工作原理和技术性能。同时，对于常见的故障，他能准确地找出故障原因并迅速加以排除。

能解决复杂难题才是过硬工人

有一个时期，受煤炭市场疲软和三角债的困扰，煤炭企业的设备更新投入严重不足。官地矿也是一样，那些年，几乎是靠修修补补维持生产，抢修任务十分繁重。不曾想，这反倒成了栗俊平施展才华的机会和创新进取的动

栗俊平和他的工友们
正在井下抢修采煤机

力。“作为一名现代企业的技术工人，不能仅仅满足于技术上合格，能解决复杂难题才是过硬工人。”无疑，这是栗俊平对自己提出的更高要求。从来不会说大话、空话的栗俊平，没有让他的誓言落空。

1987年，综采三队的采煤机连续三四天不能正常运转。尽管机电总厂的工程技术人员下井一连换了3台主泵、7台补油泵，也没有解决低压油表无显示、不牵引的问题。他们又更换了油脂和过滤器等，但低压油表显示仍为零。无奈，工程技术人员建议矿上更换牵引部。这是一项大工程，既需要时间，也需要一笔较大的资金，矿领导便通知栗俊平去看看。

栗俊平经过仔细观察、认真分析，发现是闭式液压回路系统中的一个高压安全阀折断了，造成液压油直接短路。他及时排除了故障，从而避免了盲目更换牵引部所带来的不必要损失。

1988年，西山矿务局各矿使用的国产MLS3P-170型采煤机、法国沙基姆SIRUS-400型采煤机，因液压传动系统不合理，导致故障频繁发生，即将被淘汰。栗俊平根据自己的实践经验和所学的理论知识，对这两种型号采煤机的液压传动系统进行了成功的改造，使其延长了一年半左右的使用寿命。这一成果，除为矿里节省设备更新资金300万元外，还使两套采煤机多生产原煤150万吨，创造价值1.4亿多元。

1994年，栗俊平成功革新了快速管路串联液压调高技术，并运用这一技术改造了MG250型采煤机并联液压调高系统。这项成果不仅减少了故障的发生率，而且克服了处理故障既费时又费事的缺点。

1999年，官地矿综采二队引进了一套MG-360型采煤机。入井安装后，采煤机不能正常运转，经厂家和有关工程技术人员几天的会诊，也没有找到问题的原因。栗俊平在采煤机旁连续观察了 3 个班，终于找到了制造工艺粗糙、某些零部件不配套的问题。在事实面前，厂家不得不接受退货的要求。栗俊平为矿里挽回直接经济损失 500 多万元。

2003 年，经栗俊平判断并抢修后，官地矿避免了 3 次更换牵引部、5 次更换截割部的采煤机大修工程，同时他还抢修好了 5 台主油泵、8 台调高泵、12 台油马达、3 个液控阀组、4 个调速机构，使企业减少投入 120 多万元。

官地矿有个统计，栗俊平平均每年要抢修采煤机大小故障近百次，仅 2003 年就抢修全矿采煤机故障 164 次。由于他准确快捷的判断与娴熟的抢修技术，赢得开机时间 870 小时，多生产原煤 17 万吨，创造价值 1 700 万元。2004 年，他及时发现和排除全矿采煤机故障 103 次，赢得开机生产时间 480 小时，多生产原煤 14.4 万吨，为官地矿创造价值 2 592 万元。"采机神医"，这响亮的名称就是对他最好的称赞。

栗俊平从多年维修工作的实践中认识到，对于保证综合采煤机正常运行来说，重要的不仅是故障判断与抢修问题，还有设备使用和管理问题。他不仅在采煤机故障判断与抢修方面积累了一套成功经验，而且十分注重总结采煤机管理工作规律。他提出了"选点、定面、树标杆"的采煤机管理工作思路，创造了"会诊、整改、推广、提高"的渐进式工作方法。根据他提出的合理化建议，全矿制定并严格执行了采煤机包机责任制、采煤机强制保养检修制度和采煤机检修质量验收制度等。这些制度的建立，杜绝了拼设备、高投入、低产出的现象，使全矿的采煤机管理走上了使用、检修、保养的正确轨道，提高了全矿的采煤机管理水平。

栗俊平在综采工作面
巡查采煤机工作状况

一个有着高尚追求的人

栗俊平是个普通工人，但他有着自己高尚的追求。他追求的目标是什么呢？对技术，他追求精益求精；对工作，他追求好上加好；对集体，他追求无私奉献。这就是官地矿职工心中的栗俊平。

面对着一个个生产难题的解决和一项项荣誉的到来，栗俊平没有因个人的成功而满足。他说："自己的技术再好，也只是一个人。一个人浑身都是铁也打不出几根钉。"朴素的话语里蕴含着深刻的哲理，体现了崇高的境界。

多年来，栗俊平不仅积极参加各级组织的技术交流和技术咨询活动，而且还热心于培养青年工人学技术，把自己掌握的理论知识和在实践中得来的抢修经验，通过业余培训、现场讲解、手把手地指导等方式，无私地传授给青年工人。他亲手带出的十多名徒弟都在各自的岗位上发挥着重要作用，并已成为本单位采煤机维修的行家里手。

无论是寒冬腊月还是盛夏酷暑，无论是白天还是深夜，哪个队的采煤机发生故障，只要找到栗俊平，他都当成十万火急的头等大事，二话不说，当即就往井下奔。矿里的职工说，只要听到抢修采煤机的事，他比谁来得都快。久而久之，人们都称他是"全天候的维修工"。

1993年，栗俊平的父亲因脑血栓住院。由于当时矿上抢修任务紧，他仍坚守在岗位上。直到一个多月后，才赶回老家看望病中卧床的父亲。

1996年，官地矿遭受了百年不遇的特大洪灾，栗俊平被困井下长达36小时。死里逃生的他，婉言谢绝了矿领导调他到井上工作的好意，一如既往地战斗在采煤机抢修工作的第一线。

1997年，矿里分给他一套90多平方米的楼房，但栗俊平却迟迟不搬家。原因很简单，他感到住房离矿区较远，往返得一个多小时。尤其是，若半夜井下有事还得矿上派车去接，不如山上的小平房住着方便，电话一响，可以马上下井。

获得中华技能大奖后，有位记者在采访中得知栗俊平每月收入不足

2 000元，感到非常惊讶，开玩笑地说：“我介绍你到民营煤矿干，可比这儿多挣好多，你去吗?”栗俊平平和地说：“是官地矿培养了我，这里是我成长的地方，这里也是最需要我的地方，我的岗位就在这里。”

2004年7月，党中央、国务院邀请部分专家和高技能人才到北戴河参加暑期休假活动，栗俊平作为高技能人才的优秀代表之一参加了这次活动，受到了党和国家领导人的亲切接见。栗俊平把这次活动看成一种激励和鞭策，当成一次向其他高技能人才学习的机会。栗俊平说：“作为一名从事井下工作20多年的煤矿工人，我只是在平凡的岗位上干了一些平凡的工作，却被推荐参加北戴河专家和高技能人才休假活动，这充分说明党中央、国务院及省委、省政府对高技能人才的重视和爱护。我要把这种爱护当作动力，不断攀登新的技能高峰。”

撰稿：刘允海、杜建明。文前照片由陈继益拍摄，文内照片由山西焦煤集团西山煤矿总公司工会生产部提供。

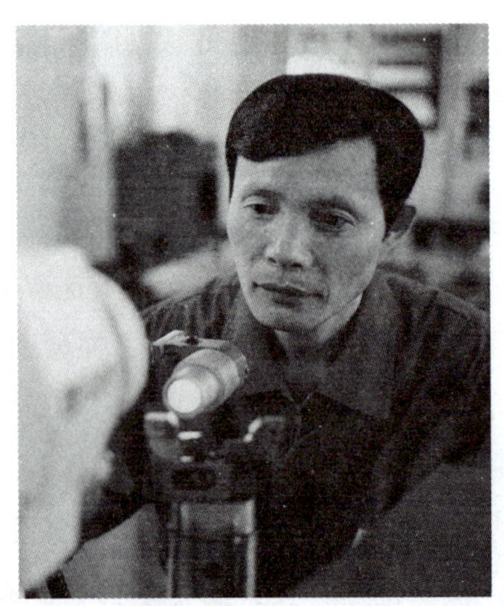

■“精准操作手”唐建平

唐建平，中国航天科技集团公司第八研究院加工中心操作高级技师，全国劳动模范，全国五一劳动奖章、中华技能大奖获得者。在航天产品精密结构件加工岗位上，多年坚持不懈钻研专业理论和操作技术，擅长特殊材料的复杂零部件加工，出色完成“神舟”飞船等航天型号产品的高难度、高精度加工任务。

■ 精准加工，遨游苍穹
——记"精准操作手"唐建平

1999 年 10 月 1 日，北京天安门前的长安街吸引着全世界的目光。上午 10 时整，中华人民共和国成立 50 周年庆典开始！50 响礼炮轰鸣，《义勇军进行曲》奏响，鲜艳的五星红旗像一束火焰在天幕上燃烧。10 时 36 分，共和国三军仪仗队护卫着八一军旗，迈步走向天安门。在鲜红的军旗召唤下，一瞬间，绿色长城变成了绿色铁流。

一位中年人坐在电视机前努力控制着自己激动的心情，全神贯注地等待着。

"来了，来了！"烟迷长街，声撼大地，陆海空三军的 25 个地面重装备方阵以排山倒海之势通过天安门。随着火炮方队和装甲车队隆隆开过天安门，陆海空三军和二炮导弹方队陆续登场。

中年男子的双眼不由得湿润起来，就像一位父亲看到自己的孩子获得成功一样，心里充满着特别幸福和特别自豪的感觉。

这样的感觉在以后的岁月中不时地出现。

2002 年 5 月 15 日，当"长征四号乙"运载火箭直上云霄，一举将"海洋一号"和"风云一号 D"卫星双双送入太空时，他幸福和自豪！

2003 年 10 月 16 日，当"神舟五号"载人飞船绕地球飞行 14 圈后安全返回，航天英雄杨利伟从返回舱中走出的一瞬间，他幸福和自豪！

2004 年 9 月 27 日，当我国第 20 颗返回式科学与技术试验卫星在酒泉卫星发射中心成功发射，成为震惊世界的“八箭十星”壮举中的一员时，他幸福和自豪！

……

他是谁？他只是工作在我国航天产品生产一线的一名普通工人！一位为我国航天事业做出巨大贡献的劳动者，一位和航天科学家、航天事业领导者一样重要的高技能人才！

他，就是中国航天科技集团公司第八研究院第 800 研究所加工中心操作高级技师，全国劳动模范，全国五一劳动奖章、中华技能大奖获得者——“精准操作手”唐建平。

唐建平有足够的理由那样的幸福和自豪。因为无论是这些防空导弹还是运载火箭，无论是这些气象卫星还是宇宙飞船，上面都装载着他亲手制造的关键部件。如果说航天科学家是我国航天产品的设计者，那唐建平就无疑是这些产品的制造者。如果没有像唐建平一样的高技能人才，再先进的研究成果也难以成为现实的产品，我国的航天事业也就不可能有如此的辉煌灿烂！

立志航天，奋起求知

在唐建平的家里，满眼都是奖杯和奖状：全国技术能手，上海工业十大工人标兵，全国五一劳动奖章，中华技能大奖……但谁能想象出，如今荣誉满载、技能超群的唐建平，1979 年刚进车间时也遭遇了尴尬：

第一次看到手边的图样，他就傻了，那些复杂细小的零件图简直就像天书，他根本看不懂！

第一次操作铣床，师傅刚转身，他就由于操作失误，居然把铣床的台面挖出了一个 30 毫米的坑！

在常人的眼里，这也难怪，因为唐建平只是一个顶替父亲工作的农民工。1954 年他出生在江苏常熟农村，小学毕业时遇上了"文化大革命"，3 年初中几乎没有读书学知识，连简单的直角三角形面积也不会计算。唐建平非常担心：自己好不容易从农村来到大上海，从一名农民变为吃"国家饭"的国有大型企业的工人，如果学不会技术，厂里会不会不要我？看着手边难懂的图样和身边师傅们娴熟的技艺，他感到自己的差距实在太大了。与生俱来的不服输的个性和对工作的珍惜，使他不愿就此屈服。"不行！不能让自己的选择就这样无果而终。别人能做的，我一定也能做到！"从此，他开始跟自己较劲。白天跟师傅干活学技术，晚上进文化培训班学知识，初中语文、数学、物理、化学，以及制图等课程一门一门地补习。第八研究院第 800 研究所地处上海远郊，当时的生活环境十分艰苦。6 人一间集体宿舍，房间又不大，下班后同事们有的聊天，有的下棋、打牌，宿舍里非常热闹。唐建平只能等同事们休息了，一个人在台灯下看书学习。夏天的宿舍里又闷又热，台灯烤得人汗流如注，因为没有电风扇，只能不时地用冷水洗洗脸，再不行就把双脚浸在冷水中降温。蚊子见着亮光，都前呼后拥地围了过来，常咬得他"遍体鳞伤"。冬天，北风呼啸，虽然坐在宿舍里学习，但还是冻得手脚发僵，有时冷得实在受不了，他就站起来在屋里一边走一边思考着问题。就这样，不管酷热严寒、冬去春来，他都捧着心爱的书本，徜徉在知识的海洋里。

唐建平在刻苦学习文化知识的同时，还虚心地向师傅们求教，走火入魔般地练习铣削基本功。凡是厂里技术方面的培训班他都不放过，还从微薄的工资中省下钱，自费订阅了《机械工人》《机械工业自动化》等专业杂志。就这样，他用了 6 个月就掌握了别人要用 3 年才能掌握的基本技能。韧劲是积累知识、提高技能的阶梯，靠着持之以恒的韧劲，唐建平的操作技能几乎以天为单位迅速提升。1981—1984 年，研究所年年都搞铣工技术比武，唐建平连续 4 年获得第一名。1984 年，他由初级工成为一名中级工，终于在技术上上了一个台阶。这年，唐建平正好 30 岁。

1989 年，所里引进两台进口数控机床，领导把加工技术过硬、经验丰富的唐建平从铣床岗位上调了过去，当时抽调的 4 人中 3 人是大学生，唯独他是初中文化。为了尽快掌握数控技术，1990 年单位派他赴英国参加了数控加工中心的操作培训。这是他第一次出国，别人羡慕地说可以免费旅游一下英伦三岛，还开玩笑地说让他带点“洋货”回来，可唐建平上午下飞机，下午就上课，近一个月里他哪儿也没去过，全部心思用在了学技术上，乃至回国后竟连英国是什么样都说不清楚。就这样，他成为全所第一个学会操作数控机床的工人。

然而唐建平学习的脚步没有就此放慢，他似乎是个“学习狂”。面对车间里越来越多的高、精、尖的军工产品，他对自己的技术和技能提出了更高的要求。在接下来的 5 年里，他不断地更新着自己的知识和技能：1991 年参加机械类高级工培训并获考核第一名；1992 年取得了高级工证书；1993 年晋升为技师；1994 年底破格晋升为高级技师。

从 1979 年走进车间，到成为一名高级技师，5 000 多个日日夜夜，唐建平放弃了太多的生活享受，但收获了无穷的学习快乐。一分耕耘一分收获，他用超额的付出，编织起自己人生美丽的光环。1996 年他获得航天工业总公司航天技术能手、劳动模范称号；1998 年被评为上海市劳动模范；2000 年获得中国航天科技集团公司航天技能大奖；2001 年获得上海市职工学习成才标兵称号；2002 年被评为上海工业十大工人标兵，同年获得全国五一劳动奖章、中华技能大奖——我国技能人才的最高荣誉。

与其说是 1979 年那个偶然的机会改变了唐建平的命运，不如说是多年来唐建平凭着坚忍不拔的毅力，才把命运牢牢地掌握在了自己的手中！

与其说是怕丢“饭碗”回家种田的担心激发了他刻苦学习的动力，不如说是对职业理想的不懈追求引导着他去实现人生价值！

1979 年，他从田埂上走出来，怀揣着父亲作为老一辈航天人的叮咛和对新生活的无限憧憬，成为了一名航天工人。如今，他所加工的产品叱咤苍穹，在火箭、卫星、导弹上发挥着巨大威力。从田埂到苍穹，似乎是一条难以逾越的鸿沟，但唐建平凭着对中国航天事业的满腔热情和坚强毅力，硬是“跨”了过去，从一个普通农民成长为一名中国航天科技集团有特殊贡献的高级技师。他的成长，证明了一个亘古不变的真理，那就是“学习改变命运，努力终有回报”。

勇克难关，建功立业

大家都说航天产品是高科技产品，这里的“高科技”有两层含义：其一是指航天产品的设计要掌握现代科学中最高深的理论，要运用当前科学研究的最新成果；其二是指航天产品的生产需要最先进的生产设备和最先进的加工技术。因此，许多具有世界先进水平的航天产品的研制，既离不开一批善于钻研的科研人员，也离不开一支技艺精湛的产品制造队伍。否则，那些产品就只能停留在图样上。唐建平作为一名航天工人，深切地明白这个道理。

航天产品的部件具有结构复杂、强度高、尺寸精确、壁薄等特点。其加工工艺复杂，精度要求高，而且加工工序繁多，少则近百余道，多则几百道，有的零件生产周期长达半年之久。如果遇到大型结构件的加工，则加工难度更大，经常是加工余量很大的几十千克的毛坯加工成成品后仅为几千克。因此，常常需要采用高度集成的数字化整体制造技术。

在数控加工中，从零件图样到加工出合格的零件，是一环套一环既复杂又严密的过程。其中关键的步骤主要有加工工艺设计、数学处理、加工编程设计等。加工工艺设计的目的在于制定加工过程自动化的步骤顺序，其中对刀换刀、装夹方式的选择、刀具及切削用量的选择等都是技术含量非常高的工作，常常使人煞费苦心到“为伊消得人憔悴”的程度。至于对零件图样的数学处理，就是通过数学分析和计算，将设计图样上的数据转变为数控机床可以加工的数据。加工编程设计是一种专门化的智力劳动，只要任何一个阶段的某个环节出了问题，都会使加工过程中断，

唐建平在现场操作

甚至产生严重的后果。因此，数控加工中心操作不仅需要操作者全面掌握机加工中的车、铣、镗等技术，还要具有数学计算、计算机运用、机械加工、材料学等相关门类的科学知识。同时，还要求操作者具有良好的宏观建构能力、严密的逻辑思维能力、对加工过程的组织管理能力。所以，数控中心的操作者就像是一位运筹帷幄、决胜千里的统帅，要有战略的眼光、过人的胆略、自信的心理、出色的指挥和过硬的技术本领。一旦加工方案确定，就轻触按钮，弹指间“千军万马”就奔腾了起来，每个动作都按预定的步骤展开，直至任务的完成。每每在这个时候，唐建平就会轻舒一口气，静静地欣赏着自己的“作品”。

他已经记不清多少次为了攻克产品加工难题而苦苦思索、谋划方案。

他已经记不清多少次为了试制产品而连续工作、挑灯夜战。

他已经记不清多少次因为技术革新而使产品加工质量和效率成倍提高。

他已经记不清多少次圆满地完成了常人认为不可能完成的任务。

……

某型号工程中控制舱与本体是整个产品中的关键零件，特别是舱体与本体 15 个协调孔的加工精度要求高，尺寸形位公差小，所里将此项目作为攻关课题，交给唐建平去攻克。他日思夜想，编排出新的加工工艺，利用数控加工中心将控制舱与本体分别加工，清除了各种因素引起的综合误差，解决了部件的协调互换问题，有效地保证了导弹装配精度，同时大大提高了系统的控制精度，生产效率因此提高了 4 倍，一举攻克了这一长期困扰着该工程的重大技术难题。

长征型号运载火箭中尾翼接头的零件需在直径 26 毫米、孔深 174 毫米的孔中加工 3 条深槽，槽深 134 毫米，公差仅为 0.04 毫米，槽端面与基准面平行度为 0.01 毫米。如此的精度要求，使得普通机加工非常困难。唐建平重新设计了加工工艺，采用数控加工中心进行加工，确保了加工精度，并提高工效 5~6 倍。

从此，唐建平成为研究院里数控加工技术最棒的工人，赢得了全所职工的赞扬和尊敬。但这仅仅是开始，和后面所取得的技术成就相比，这只能算是唐建平“小试牛刀”的杰作。

973项目是国家重点基础研究发展规划项目。由于该项目中的电极等零件结构复杂，圆弧、直线、斜面等所有公差均为±0.01毫米，加工技术难度极大，这在机加工中还从未遇到过，因此成为此项目中的重大难点和瓶颈。该项目负责人希望依靠航天技术、设备和人才来攻克这一难关。唐建平非常重视这项工作，并在参与攻关的过程中，始终保持积极向上的工作热情，出主意、想办法，大胆攻关试验。他和组员们与工艺技术人员密切配合，一丝不苟地按程序要求处理了20万个坐标点，形成了厚厚两大本测试报告，得出了准确的工件加工曲线尺寸，并确定了合理的技术参数，制定了具体的加工方案。最后，他们以精湛的加工技艺，为这次任务画上了圆满的句号。这一技术难题的攻克，不仅加快了我国强流质子加速器研制的步伐，也使中国电极制造技术在世界上处于领先地位，成为继美国和日本之后第三个掌握该技术的国家。这一成就堪称世界一流。从此，唐建平成了“精准加工”的代名词。

说到“精准加工”，这对于航天生产来说是第一位的技术要求。因为火箭安全发射靠的是它，卫星准确入轨靠的是它，飞船正常飞行靠的更是它。谈到发射精度高，“长征四号乙”火箭总设计师李相荣曾自豪地说：“‘风云一号C’卫星能长期稳定地在天上运行并超期工作，‘长征四号乙’火箭的作用不可小瞧。‘风云一号C’本身没有轨道修正能力，其实现良好的对地观测靠的就是发射时的高精度入轨。该卫星发射时要求偏差不超过5公里，而‘长征四号乙’使其入轨偏差不到1公里。”这些话，唐建平牢牢地记在心里，这不仅因为“长征四号乙”火箭的关键部件是他亲手加工的，更重要的是这段话不断激励着他提高“精准加工”的水平。

唐建平获得“精准操作手”的美誉是非常不容易的，两个项目的公差分别为0.04毫米和0.01毫米，都达到了近乎“苛刻”的程度。表面上看，数控加工之所以能提高加工精度，主要是数字控制技术能对设备运转的精度加以控制，从而有效地解决人工控制精度不高的问题。但其实现的前提条件是加工者对产品零件的精确测量、精确计算和对加工过程的精确计划，这恰恰是数控加工技术的最难之处。正因为如此，才更突现了唐建平“精准加工”的技术价值。

某高精度三维空间角度卫星接头，由于零件是多头空间角度结构，精度要求高，且材料为钛合金锻件。唐建平与工友及工艺技术人员一起，采用多个高精度转盘装夹定位，并在刀具角度和进给量方面采取了一些有效的工艺措施，使每个接头的内螺纹孔和端面与其轴线的垂直度达到 0.06 毫米，各接头间空间角度误差不超过 ±1′，圆满完成了任务，保证了卫星按时发射。

在“神舟”飞船研制中，唐建平班组承担了飞船推进舱关键零件的加工任务，这些零部件都具有形状结构复杂、精度要求高、加工难度大的特点，且无加工先例可循。其中某零件是一个直径 680 毫米的半球体，球壁厚度仅为 2.3~3 毫米，属于大尺寸、变曲面、不等厚超薄壳体结构，加工时极易变形。但唐建平不畏困难，挑战对他来说就像是家常便饭，对于攀登技术高峰他总是乐此不疲。接到任务后，他千方百计地动脑筋、想办法，在加工工艺、工装设计、生产制造等几个重要环节想点子，找突破口。加工方案想了一个又一个，每个都是“前无古人，后无来者”的创造性构想；试验做了一个又一个，每个都不下几十次，其中仅对加工推进剂储箱的金属膜片和上、下壳体的试验就不下上百次。功夫不负有心人，唐建平终于“啃”下了这块“硬骨头”。该攻关项目获得了国防科工委科技进步二等奖。

“神舟六号”载人航天飞行取得了圆满成功，标志着我国载人航天工程技术取得了重大突破。唐建平和他的班组也十分光荣地承担了“神舟六号”飞船推进舱部分关键部件的研制、攻关任务。他们通过设计制造工装夹具、靠模来改进工艺方法，研制出了一个超薄壁铝合金膜片、壳体，从而圆满完成了这一攻关任务。

唐建平由于精于高难度、高精度、复杂零件的加工，特别擅长刚度差、易变形的薄壁铝、镁合金和钛合金零件的加工，在我国航天系统的企业中出了名，成为无可争议的“精准操作手”。他独立设计制造了专用夹具11套、专用刀具23种，都被同行们叫绝叫好。唐建平，这位普通的技术工人，凭着自己练就的过硬技能，成为我国航天生产领域内的技术专家，在平凡的岗位上取得了不平凡的成绩，为我国“神舟”系列飞船等航天型号产品的研制生产做出了重要贡献。

身先士卒，携手共进

“质量第一”是航天人永恒的追求。如何建立起可靠的质量保障体系是航天科技集团公司第八研究院领导经常思考的问题。万丈高楼平地起，企业基础在班组，一定要紧紧抓住班组这一质量管理的基础。在做了大量深入调研和准备工作的基础上，2000年，该院决定在所有研制单位开展质量信得过班组达标活动。唐建平班组又一次成为这次班组建设的一面旗帜。

唐建平历来视质量如生命，多年来从未出过废品，还多次发现质量事故苗子，避免了事故的发生。如有一次，在加工长征火箭的支承块时，他发现并改正了工艺中的一处错误，防止了报废事故的发生。还有一次，在加工某导弹的舱体时，发现设计图样已更改，而加工工艺却是旧的，他认真审核后，发现了两个多余的直径4.5毫米 ×90毫米的孔，经及时纠正，避免了舱体可能报废的批次性质量事故，保证了产品质量和生产进度。

为了做好班组的质量管理工作，他提出把好“三关”、走好“四步”等质量管理要求，铸就了班组质量的铜墙铁壁。把好“三关”：一把好图样、工艺消化关；二把好编程、操作细化关；三把好加工检验关。走好“四步”操作程序：第一步由编程和操作人员来完成数

唐建平和班组成员在研究产品质量

控程序的复查；第二步由操作人员对机床和零件装夹的定位进行检查；第三步由操作人员对刀具的几何参数、切削参数、工件坐标号等方面进行仔细检查；第四步由编程和操作人员共同检查机床模拟运行。在这样的制度保证下，唐建平班组产品交验一次合格率达到了99.8%，关键件合格率为100%。在把好质量关的同时，质量创新更是唐建平班组的集体理念。他们在开展创新活动中，不仅注重产品质量，还强调工作质量、学习质量。班组为强化“质量是航天产品生命”的质量观念，在严格执行“首件三检制”等各项质量管理要求和规定的基础上，积极开展“零缺陷”劳动竞赛，激励组员创新工作方法，形成零件加工前工艺、编程、操作三方面联合分析，预先找出加工中的重点、难点，避免加工中可能出现的质量问题，有效防止了事故的发生。仅2001—2003年，他们的技术创新项目就有17项，其中不少项目都使工效提高七八倍。唐建平班组在抓好产品质量方面，着眼细节，用心做实，严格规范，在院质量信得过活动中起到了很好的示范作用。

产品质量依靠先进的生产技术。唐建平不仅时刻注意自身知识的不断完善，还将自己多年来在实际工作中摸索积累出的加工经验和方法总结出来，毫无保留地耐心传授给年轻人，使他们在科研生产中较快地成长起来。为了提高班组成员的操作技能，他们采取了“四个坚持”的方法，即坚持开展“名师带徒”活动，使年轻组员尽快掌握岗位技能；坚持每周五班组学习制度，提高组员解决实际问题的能力和水平；坚持开展“自我培训”计划，扩展组员的岗位知识，促使班组成员向“一专多能”的方向发展；坚持外送培训制度，将班组成员送出去参加国内外专业技术培训，全面提高了班组成员的技术水平。

在唐建平带领的班组中，既有工人，又有技术人员；既有高级工程师，又有高级技师。他们的岗位不同，文化水平也不同，但他们在航天精神的激励下，在爱岗敬业、奉献航天的内在动力和班组浓厚的学习气氛的熏陶下，刻苦学习，踏实工作，以创造性的劳动提升了自身的职业素养、职业技能、知识水平和创新能力，朝着成为智能型技术工人的目标努力奋进。

航天事业为唐建平班组提供了施展才能的大舞台，科技的飞速发展铸就了唐建平的金牌班组。班组获得的荣誉也很多：“金牌班组”、上海市文明班组、上海市500强智能型典型示范班组、国防邮电系统学习型班组标兵、全国质量信得过班组，等等。唐建平也获得了全国五一劳动奖章、中华技能大奖等荣誉。每次获得荣誉后，唐建平总认为又是一次零的开始。他始终是那样的朴实、诚恳，是那样孜孜不倦的努力。挂在他嘴边的仍然是那句普普通通的话：“工人就是应该好好干活！”

古今中外，有多少耐人寻味的人生格言。唐建平最推崇的是这句话：“我觉得人生求乐的方法最好莫过于尊重劳动，一切乐境，都可由劳动得来；一切苦境，都可由劳动解脱。”他正是用自己的人生实践着这条格言，用自己的人生为祖国的航天事业做出贡献。他用自己的言行证明了：他无愧于一名航天人，无愧于一名共产党员的光荣称号！

撰稿：田雷。文前照片由虞顺麒拍摄，文内照片由上海航天局工会提供。

主要参考文章

1　中国航天科技集团公司企业文化部组织编写．航天人生［M］．北京：中国宇航出版社，2005.

2　宋丽芳，张国栋．咱们工人的明星团队——唐建平班组［N］．中国航天报，2004-9-22（1）．

3　丁波．燃烧生命之火［N］．解放日报，2004-10-13（1）．

“革新高手”鲁宏勋

鲁宏勋，中国航空工业集团公司空空导弹研究院加工中心操作高级技师，中华技能大奖获得者。技工学校毕业生。在科研生产中，先后实现百种工装夹具和工艺方法革新，编制了数千个数控加工程序，总结出先进、高效、系统的数控加工方法，为我国空空导弹重点型号产品的成功研制做出突出贡献。

学技无止境，革新创新天
——记“革新高手”鲁宏勋

20 世纪 40 年代末期，空空导弹诞生了。与航空机关炮等传统的空中兵器相比，空空导弹具有射程远、命中精度高等众多优点，很快就成了以空中格斗为主的现代歼击机的主要武器。

2002 年，我国自主研制的抗干扰的数字化空空导弹 PL9C 成为我国空军的主力格斗弹。2004 年，我国自主研制的 SD10 中距空空导弹在国际航空展览中崭露风采，这标志着我国成为又一个能够研制智能型空空导弹的国家。

一

2003 年，我国专业化研制空空导弹的单位——中国空空导弹研究院在年终总结表彰大会上，给在重点型号（PL9C）研制中做出突出贡献的该型号总设计师金先仲，副总设计师梁晓庚、吴催生，高级技师鲁宏勋等一次性奖励人民币各 5 万元。

鲁宏勋——中国航空工业集团公司空空导弹研究院 11 车间数控班班长，我国 2002 年中华技能大奖第一名获得者。

在中国空空导弹研究院，技师和工程师、高级技师和高级工程师享受同样的福利待遇。在许多方面，对技术工人甚至有着比一般科技人员更多的鼓励政策——高级技术能手每月享受岗位津贴，设立“突出贡献奖”，重奖在完成各项生产任务中解决重大工艺难题、做出突出贡献的技术工人。2004 年，鲁宏勋带领的鲁宏勋班就获得了 10 万元的“突出贡献团队奖”。

这些都源自中国空空导弹研究院的一个基本理念：空空导弹的研制在地面阶段必须做到零故障。而要做到这一点，就必须对暴露出的问题严格按照“定位准确、机理清楚、故障复现、措施得力、举一反三”的要求，做到“零部件的问题不带到分系统，分系统的问题不带到总系统，总系统的问题不带到试验基地，不带问题上天”。无瑕疵零部件是空空导弹零故障的基础，而高质量零部件必须由高素质技术工人来生产——这既是常识，又是从空空导弹的技术特征和无数次发射试验的经验教训中得出的结论。

1964 年我国仿制的“霹雳 1 号”，涉及工装 4 305 种，非标准设备 30 多套，涂层、氩弧焊接等 22 项关键技术。其中绝大部分都是由技术工人来操作、生产完成的。

1960 年 8 月 13 日，“霹雳 1 号”进行对靶机的射击试验，第一次齐射就未能击中靶机，接着再次进行双发齐射，又未能击中靶机。试验被迫停止。事后经过成百上千次的检验，终于发现故障是由个别零部件在加工过程中刚性下降引起的。

30 多年后，1997 年 7 月，新型空空导弹进行试射，不幸又遭失败。夏日的茫茫戈壁，试验场气温高达 50 ℃，在腾腾的热浪中，试验人员寻找着每一片导弹残骸。经过对残骸的反复研究分析，各种数据综合表明：发射失败的原因竟然是工艺有瑕疵的机架干扰所致。

这就足以让我们理解中国空空导弹研究院为 PL9C 研制成功对鲁宏勋等所做出的奖励决定。其实，早在 1990 年，作为一名技术工人，鲁宏勋就荣获了空空导弹国家重点工程一等奖，和他同台领奖的还有该工程的总设计师、总工程师。这一年，他还只是一名中级技工，年仅 26 岁。

二

鲁宏勋总是一副儒者的形象：皮肤白皙，脸庞端正，头发梳得整整齐齐，衣服穿得端端正正，举手投足温文尔雅，即使穿着工作服站在机器旁，你也会以为他是下车间指导生产的设计师。许多时候他都是穿着西服夹着公文包上班，不认识他的人绝对不会将他和一线工人联系在一起，所以在研究院，从院领导到本车间的工友，都戏称他是蓝领中的白领。

鲁宏勋毫不忌讳地对记者说：当年他的志向是做一名工程师，他的父母都是高级工程师，当然希望自己的儿子也能成为一名工程师，但严酷的高考粉碎了他的梦。他说他中学的学习成绩很好，可不知怎么一上考场就犯了晕，事后找老师一对答案：不该错的题错了。

在技工学校，他学的是钳工。钳工实习要和榔头、锉刀、台钳打交道，他白嫩的手上，先是红肿，后是贴满了胶布，再后来就有了老茧。到研究院后，他干了两年的钳工，鲁宏勋说：“大家公认，我钳工做得不错。”在师傅的指导下，刚出道的他就研究出了直径小于 5 毫米、长径比为 30 ∶ 1 的深孔钻头及深孔加工工艺。

1986 年，中国空空导弹研究院引进了大量的数控设备，要在 11 车间成立专门的数控班。鲁宏勋毫不犹豫地报了名，经过严格的考核，他成了数控班首批 7 名数控操作工中的一员，但在随后的出国培训人员名单中，他的名字被删掉了，这对年仅 23 岁的他，是个沉重的打击。

鲁宏勋在数控机床上调试程序

“不出国我也要掌握数控技术！”他无法改变领导的决定，但他坚信可以改变自己。于是，当他的工友踏上异国的土地开始学习数控操作之时，他将全部的英文原版资料搬回了家。没有英语基础的他，硬是翻烂了一本厚厚的英汉词典，几乎耗尽了他全部的业余时间。

天道酬勤。两个多月后，当他的工友从国外归来时，他已经将班内的设备从操作到原理，从工艺到技术弄得透熟。2004 年 1 月，在劳动和社会保障部主办的高技能人才经验交流会上，鲁宏勋回顾这一段历程，不无感慨地说："在国家某重点工程 C 阶段过程中，研究院引进了大量的数控设备，操作人员中唯有我没有出国培训过。我带着不服，暗下决心一定要超越他们，我自学外文资料及相关技术，用数控机床编出第一个程序，做出了第一个零件，成为第一个较全面掌握数控机床操作和数控编程的人员。那时我还是一名初级工，却承担了班里大部分复杂零件的加工任务，不久院里就为我晋升了一级工资，后来又破格将我从中级工跳过高级工一下晋升为技师。"

1993 年，鲁宏勋第一次跨出国门学习。这既不是研究院对他的补偿，也不是送他去培训，而是参与研究院引进国外数控设备的考察论证工作。此时的鲁宏勋已经不再仅仅是一名数控机床的操作工，而是一名集工装夹具研制、数控编程调试于一身的"革新高手"。更可贵的是，他所掌握的还不仅仅是几种型号的数控机床技术性能，而是研究院几乎全部数控机床的技术性能。

三

鲁宏勋说过一句高度概括的话："型号成功我成才。"

空空导弹的研制生产有一大特点，那就是：品种多，批量少；科研新品多，成熟工艺少。可以想见，作为空空导弹零部件，尤其是精密零部件的生产工人，所面临的是怎样的一道难题：工序繁复、工艺复杂，当一个产品刚刚成熟上手，可能就要转产另一个型号，一切又要从头开始。如果没有金刚钻一样的功夫，想要在 11 车间这样专门生产精密零部件的车间，尤其是精密中的精密零部件生产单位——数控班站住脚，实在是一件不可想象的事情。

如何建立一套成熟的工艺适应不同型号导弹零部件的小批量精密加工，从而提高生产效率，成了鲁宏勋工作中反复琢磨的一个问题。

在国家某重点型号国产化研制过程中，如采用外方提供的工装加工万向支架外框，需11道工序才能完成。当鲁宏勋提出质疑时，外国工程师露出不屑的神情：这是我们研制的最佳工艺，难道你有更好的办法？凭着多年的生产经验，鲁宏勋意识到，加工这样的部件，工序越多，精度降低的可能性就越大，何况班里的设备数量也不允许如此低效率地生产一个部件，否则就会影响到其他生产任务的完成。

于是，他反复研究后，对外方提供的工装进行了大胆的改进，将原来必须11次装夹才能完成的11道工序，变成只装夹1次就能完成所有工序的加工。这个改进不但使加工效率提高了3倍多，而且大大提高了加工质量的稳定性。外方工程师不得不惊叹鲁宏勋的智慧和胆识。

不久，鲁宏勋自己打破了这个工装纪录：在天线加工中，他自行设计并加工了一次能安装20个零件的工装，并编写了类似三轴联动加工的源程序，使天线加工效率提高了4倍多。

为此，他荣立重点工程国产化研制三等功，获得了“革新高手”的美誉。

工装夹具是数控设备的必备部件，只要是待加工的零件，加工前就必须要用夹具进行固定，就像我们配钥匙，锁匠总是要将钥匙坯子用工具夹紧，然后才能对其加工。数控设备也一样，只是这种固定要求定位高度精确，并且还要拆卸方便，因为在多品种、小批量产品的生产过程中，工件的安装、固定、拆卸等是频繁发生的。于是为了提高效率、稳定质量、降低消耗，就需要简化工装夹具。但进口的数控设备，工装夹具都是配套的，而且是“最”简化的。鲁宏勋——难道你还能做出新的超越吗？

事实做出了回答：能！

鲁宏勋还是从工装夹具入手：少使用工装夹具，或简化专用工装夹具，这样在加工零件时，就可省去多道工序，降低劳动强度，减少重新安装可能造成的定位误差。就像天线的加工，原来换一次零件要用3个螺钉压紧，花十多分钟，现在装2个零件才用1个螺钉；对另外一种零件，原来要用4个螺钉固定1个，现在只要用1个螺钉就能同时固定4个。但这只是对个别问题的解决方法，之中有没有普遍意义的东西呢？

鲁宏勋开始另辟蹊径了。

不久，一个叫作“数控机床零点计算软件”的东西出现了——这是鲁宏勋的得意之作。数控机床装上了这个软件，结合数控机床的自动测量系统，可以最大限度地不使用机床自备的专用夹具，而改用可调夹具或组合夹具。该软件在研究院主要数控设备上应用，不但减少了工装夹具的使用，降低了夹具成本，更为重要的是为导弹研制的关键零部件生产提供了新的更加优异的加工工艺。

少使用工装夹具，简化工装夹具，不等于不使用工装夹具。在11车间的数控班有一个工装夹具库，库内的工具架上整整齐齐地摆放着200多套各种类型的工装夹具。不同的是，这些工装夹具全部是数控班自己研制出来的，其中有80%来自鲁宏勋的设计和思路。

当年，我国仿制“霹雳1号”一种型号所动用的工装夹具就达数千种，现在应对各种不同型号导弹零部件的生产，只需工装夹具数百种。这不能不说是一个惊人的进步。

鲁宏勋把学习新技术和解决新问题紧密地结合在一起，实现了“生产—革新—提高”的良性循环。在这个过程中，他不仅是数控班优秀的技术工人，更是技术革新的设计师、发明家。他主持了院级课题“数控加工效率研究”，专门探索数控加工中各类技术难题的解决方案。评审组专家认为，该项目研究以提高数控加工效率为目标，综合运用刀具、工装夹具、编程工艺以及生产管理的各项先进技术，使数控加工效率提高了15%，数控设备利用率提高了30%，对数控班而言，相当于增加了3台数控机床。

鲁宏勋正在加工、测量空空导弹重要部件

每一个新型号导弹的研制，

都离不开成千上万的精密零部件；每一个新型号导弹的研制，都对零部件的加工提出了新的要求。每完成一次新的任务，鲁宏勋都要经历一次严酷的考验。

外环组合件是重点型号位标器上的一个重要部件，该部件结构刚性差、加工精度要求高，给首次加工带来了非常大的困难——当然这是指用常规的办法。困难对鲁宏勋来说恰恰是课题，是挑战，是机遇。他摊开图样，反复琢磨，灵感就是这样不期而遇——他与设计、工艺人员协商，只是在该部件上增加了一块工艺加强板，就使问题迎刃而解。加工出来的部件完全满足了设计要求。

在舵轴上加工螺纹又是一道难题。由于舵轴材料是钛合金，强度非常高，加工螺纹时丝锥消耗极大，而且加工效率很低。鲁宏勋为此困惑了许久，但最终还是找到了答案：他只是对丝锥的结构做了一点点改进，顽强的钛合金便彻底“屈服”了——螺纹加工效率被整整提高了10倍，丝锥的损耗也大大降低了。

……

这些，充分印证了鲁宏勋那句“型号成功我成才”的话。

把个人的成长和国家的事业紧密联系在一起，是鲁宏勋从一名普通技校生成为“数控英才、革新高手”的通衢大道。没有国家的事业，没有各种型号空空导弹研制的平台，就不会有今天的鲁宏勋。

四

1998年，11车间负责数控加工编程调试的高级工程师退休，其间正赶上某重点型号工程进入了关键的试制阶段，大量的新零件工艺需要编程及相应的前期准备，鲁宏勋主动请缨，承担了车间全部编程工作。

中国空空导弹研究院有几千名员工，其中大多数是毕业于名牌院校的科技人员，一个编程高级工程师退休了，难道就没有更合适的编程工程师了吗？更何况计算机编程是一个与时俱进的专门学科。但空空导弹研究院认定，鲁宏勋就是最佳人选，尽管他只是一名工人技师，尽管他只有技校学历。

“他是专门攻克数控加工难题的行家里手。导弹零部件特别多，精度要求特别高，有的零件小到毫米，但到了他手里都能解决。”这是导弹总师对他的特别评价。

编程是高度紧张的脑力劳动。不知道有多少个深夜，一盏孤灯伴着鲁宏勋熬到黎明，房间里只有计算机主机发出的嗡嗡声和键盘发出的清脆的敲击声。他把妻子和儿子的房门关上，再用垫子塞住门缝。他平时给予妻儿的太少，这时尽可能不影响他们休息，也算是作为丈夫和父亲的一份责任吧。

不知道克服了多少困难，鲁宏勋根据数控系统的能力和工艺流程，采用了多种新工艺、新方法，先后编制了 2 000 余种数控加工程序，保证了生产现场的实际需要。

1999 年，鲁宏勋被晋升为高级技师。

五

2003 年 6 月 5 日，对鲁宏勋来说，是一个不平常的日子。中国空空导弹研究院的全体领导来到 11 车间，来到数控班，将一块写着“鲁宏勋班”的牌匾隆重地挂到了数控班的车间大门上。

用自己的名字命名自己所在的班组，是鲁宏勋没有想到的。这是对过去的肯定，是对现在的褒扬，是对今后的鞭策。最后，鲁宏勋想到的只有两个字——责任！

中国空空导弹研究院院长在评价鲁宏勋班时说：“善于用脑工作，勇于动手实践，具有创新能力，这是一个智慧型的班组。”

鲁宏勋提出了班组建设的“五好”目标：完成任务好，技术创新好，思想素质好，文明素养好，质量保证好。现在这“五好”已经成为这个团队的灵魂。

2004 年 9 月，鲁宏勋班被全国职工职业道德建设指导协调小组授予“第四届全国职工职业道德建设先进班组”荣誉称号。

2004年10月，鲁宏勋班被中国航空工业第一集团公司评为"人才工作先进集体"。

2004年11月，鲁宏勋班被中华全国总工会授予"全国技术创新示范岗"荣誉称号。

让我们记住鲁宏勋班的班训：

航空报国，勇攀技术高峰

追求卓越，打造军工精品

共享成果，创建和谐团队

鲁宏勋班的荣耀再次向人们昭示：一个优秀的团队在高尚精神的引领下，可以使每个人的潜力充分发挥出来，汇聚成无比巨大的力量。这样的队伍不论遇到什么样的艰难险阻，都能够所向披靡。

撰稿：宦平。文前照片和文内照片均由陈松拍摄。

主要参考文章

李杰．鲁宏勋：数控机床全能操作［N］．人民日报，2003-3-3（16）．

第二批
中国高技能人才楷模

“创新楷模”王洪军

中国第一汽车集团一汽大众汽车有限公司冷作工，高级技师。第十一届全国人大代表，全国劳动模范，全国五一劳动奖章、中华技能大奖获得者。敢于超越、勇于创新，研制出填补国内空白的汽车表面整修工具 47 种 2 000 余件，创新 123 种轿车整修方法，“王洪军轿车钣金快速修复法”荣获国家科学技术进步二等奖。为企业培养一大批高技能人才，攻克 700 多项技术难关，创造经济效益 6 000 多万元。

中国钣金王

——记“创新楷模”王洪军

2002年7月19日，河南郑州的一场特大雹灾，将远在1 800公里外的吉林长春一汽集团的王洪军从幕后推到了台前。

这天下午6时30分左右，随着突兀而起的一阵狂风，大如鸡蛋、小似花生的冰雹被闪电、惊雷和暴雨裹挟着倾泻而下，仅仅几分钟就覆盖了这个城市的每个角落，搅得天地一片混沌……

这场持续25分钟，造成近20人死亡、212人受伤的特大雹灾，将一汽集团郑州销售公司刚刚售出的178辆轿车的车身砸出了许多凹坑，有的“重伤”车辆“伤口”竟然多达20多处。

修复这些车本来并不是什么难事，但有的车主提出，如果用传统的除漆、打底、刮泥，再喷漆的方法修理，时间长了，“伤口”的泥子可能会剥落，要求使用当时顶尖的德国式不用泥子打底的车身修复工艺。郑州销售公司在访遍全市车身修复顶级高手无果后，不得不向远在长春的总部求援。于是，王洪军带着6名钣金工日夜兼程，赶到郑州。

面对车主怀疑的目光和不断的询问，王洪军没有多说什么，而是将一辆待售的新车从4S店开出来停在大家面前，抡起一把木槌猛地砸向车身，一个凹坑立刻显现。在一片惊诧的议论声中，他拿起专用工具，车里车外一阵忙碌……仅仅用了十多分钟，他就邀请车主们指出刚才砸出的凹坑所在位置，竟没有一个人能够看出一丝的修复痕迹，这令大家惊叹不已。18 天后，当这批经历了特大雹灾洗礼的轿车又欢快地穿梭在郑州的大街小巷时，王洪军，这个深藏在一汽集团 13 万名员工中的普通姓名，在业内、坊间不胫而走。

从"小工"到技师

在一汽集团，王洪军并不从事轿车的售后维修，他的岗位在一汽－大众奥迪轿车生产厂焊装车间。这是一个专门制造高级轿车车身的地方，而他所从事的又是其中最为关键的车身整修工作。这个工作，在我国职业分类大典中的正式名称叫作"钣金工"。

在人们的直觉中，钣金工可能就是按照图样用钢剪将铁皮裁裁剪剪，用锤子在铁皮上敲敲打打，用焊枪在接头处点点焊焊，或者对金属板材制品修修补补什么的。当然，技术高超的钣金工也能够通过手工将金属板材做成精美的产品甚至是精美的工艺品……

这些事情王洪军当然会做，而且还做得不赖。但一汽集团的钣金工所从事的是轿车车身的钣金整修，这是轿车生产中一道非常关键的工序，它要在车身喷漆之前，对白车身的表面平整度尤其是焊接部位的平整度提供绝对保证，具体地说，就是要对白车身做全面检查并消除所有缺陷——如果车身上留有一个小小的凹凸点，哪怕小到肉眼难以察觉，整个车身就得报废。汽车钣金整修工由此获得轿车漆前"美容师"的美称，而这个"美容师"的技术好坏则直接决定着一个个半成品车身的命运——王洪军就是一名这样的钣金工。

1967 年，王洪军出生在一个知识分子家庭。从小他就爱好广泛，特别偏爱手工制作。从一汽集团技工学校毕业后，他以优异的成绩被一汽集团空调压缩机厂维修分厂录用，成为一名汽车空调维修工——这是一个既需要技术又比较轻松的工作，但王洪军更喜欢挑战。所以，当 1991 年新成立的中德合资一汽－大众公司招聘技术工人时，他立刻报考，并因技能成绩特别优异而被分配到奥迪轿车车身钣金修磨车间白车身整修工段，成为一名专门从事白车身整修的钣金工。其实，车身整修钣金工是很苦很累的，他们常常要抱着十几斤重的高频打磨机来回打磨，噪声大，粉尘也大。到了夏天，40多米长、布满300多个灯管的整修通道像一个大蒸笼，一动就是一身汗，衬衫湿透了，脖子上也和了泥。有些同他一起进厂干整修的工友受不了这苦，纷纷改行做焊工、钳工去了，可王洪军在这个岗位上，一干就是19年。他说："我喜欢这个工作，活是苦了点，但却是个绝对有'刺激'的技术活。就整修凹点来说，先顶哪个点，后顶哪个点，哪里用力大一些，哪里用力小一些，哪个部位用什么工具，都有说道，来不得半点马虎。奥迪车每辆都是精品，不允许表面有一点儿瑕疵，要把活做好，每个动作都是挑战。"

德国人的认真劲儿，全世界出了名的。一汽－大众投产初期，中方千挑万选出来的优秀钣金工竟然都只能给德国大众派来的专家打下手，就这样，还常常达不到德国专家的要求。一次，王洪军亲眼看到德国专家抡起一把大锤，当着一位老师傅的面将他正在整修的白车身砸了，说："你把这车修废了。"这一锤深深地刺痛了王洪军。这些重金聘请的德国专家，其实就是德国大众的钣金技师——为什么德国工人能做的，我们却不能做、做不好？

王洪军开始跑图书馆，查阅相关资料；跑书店买来钣金工艺、金属材料等书籍……利用报废了的白车身，反复揣摩、练习德国专家的操作窍门。连续几个月，他上班打下手，下班练"硬手"，越干越起劲。终于有一天，他壮着胆子在德国专家没修好的白车身上修了起来，可是忙活了大半夜也没整好。第二天，德国专家发现后很不高兴，找车间主任抗议。车间里也有人议论："德国人都修不了的东西，他还要试，太不自量力了。"但车间领导不但没有批评他，反而鼓励他继续尝试，这使得王洪军倍感振奋。从那天起，他着了魔似的，连中午短暂的休息时间都泡在了白车身上。有一次，他在修顶盖边缘时，工具一滑，顶盖边缘正好擦到他的脖子，流出的血他竟以为是汗水，直到被工友发现，他才到医务室弄了个创可贴贴上，继续干。

经过几十个日日夜夜，王洪军终于将一台已经被宣布报废的白车身悄悄地整修好了。

消息很快传开，车间主任来了，德国专家也来了。车间主任请德国专家对这台车做个鉴定。以严谨著称的德国专家先是一言不发，绕着这台白车身转了几圈，反复打量。然后，他将这台白车身切割成条，分段查看。最后，还找来质保部专家，用仪器全面检测——结论：全部技术指标完全符合标准。这时，一直表情严肃的德国专家终于露出了笑容，一口气连说了三个“very good（非常好）”。

王洪军证明了一个“定律”：德国工人能做的，中国工人也能做！

1993年，工作不到3年，年仅26岁的王洪军被一汽－大众破格晋升为技师。他的技师聘用证书编号为：00001。

把小工具做成大“文章”

俗话说，手巧不如家什妙。钣金整修工具是至关重要的，没有合适的工具，连德国专家都玩不转。王洪军在掌握了钣金整修要领之后，便开始琢磨起制作工具来。

王洪军决定自制工具的原因既简单又不简单：进口工具十分昂贵，普通工具一件要1 000多元，特殊工具一件要4 000多元，一组10件套工具，要耗资6万多元；如果工具损坏了，从订货到提货最短也要两个多月，严重影响生产进度。更重要的是，由于一汽－大众生产的是从德国引进的车型，我国员工操作不熟练，整修过程中出现了许多新的问题，有些问题即便是德国专家使用进口工具也无法处理，好好的一台白车身就这样报废了。

看到王洪军忙上忙下地四处找材料，大家说什么的都有。最多的就是说王洪军没事找事，毕竟大家对进口工具还不敢质疑，对德国的整修工艺还非常崇拜。再就是工友们认为研制工具是公司的事，是技术人员的事，和自己没关系。用工友的话说：有工具就修，没工具，修不了，报废了也不是咱们的责任，咱多操啥心。再说了，你自己做工具，能行吗？

面对这些议论，王洪军没有言语，也不能言语，毕竟他没有向公司申请科研立项，毕竟他当时还没有做出一件像样的东西。最要命的是他只有技校学历，根本就没有申请科研立项的资格。王洪军对自己能否成功还没有底气，更没有绝对的把握。不过他的个性决定了他一旦走上这条路，就一定要把这条路走通。用他自己的话说就是："不做就永远不行，做了总有一天能行。"

他只有默默地做。

尽管暂时没有资金和技术上的支持，但车间领导赞赏王洪军的勇气，工友们也渐渐理解了王洪军的良苦用心，明里暗里在时间上、物资上给他提供一定的帮助。老厂长张荣辉听说此事后，借去德国大众考察的机会，特地为王洪军带回一套德国大众的专用工具和技术资料。王洪军非常珍惜这套工具和资料，他将这些看作是激励自己奋力前行的动力。

王洪军做的第一件工具是修侧围的钩子。这钩子看似简单，实际做起来很复杂。开始因为没有找准着力点，力用不上。后来调整了弯度、尺寸，着力点解决了，但由于钩端强度不够，一用力钩子就打弯变形。王洪军对做钩子的材料进行了重新调整，由低碳钢改为高碳钢，这回强度上来了，但韧性又不行了，使用时猛一使劲，钩子的前端竟折断了。

人们都说，失败是成功之母。就这个钩子而言，在若干次尝试之后，问题焦点其实已经非常清晰了：王洪军请教工程师，学习金属材料和热处理原理。最后，他根据使用要求对钩子的不同部位采取了不同的热处理方法，在经过反复试验后，解决了强度和韧性的合理优化问题。这第一件工具终于做成了，大家看着好，用着顺，都抢着用。德国专家听说王洪军的钩子做成了，好奇地来向他借，用过之后，也

王洪军在用自己设计的钩子修理轿车侧围

佩服地竖起了大拇指，说："我们德国工人只管用工具，你们还能做工具，太棒了。"

这个时间是1995年，王洪军才28岁。

初步的成功，让王洪军痴迷于创新，一发而不可收。这个时候，工友们也纷纷为他出主意、想办法，尤其是一些经验极为丰富的老师傅，一有空就帮助他选材料，加工部件，这大大加快了王洪军工具创新的步伐。王洪军制作的工具也由Z形钩、T形钩子、打板等单件工具，发展到多功能拔坑器等小型机械。拔坑器由拔头、转换接头、冲击杆、冲击块和把手组成，对整修白车身及漆面车身的各种凹坑非常管用。修白车身时，王洪军用黄铜铅焊和提拉工具，解决了死点坑和多层板钣金缺陷无法修复的问题。修漆面车身时就比较复杂了，要在不破坏漆面的情况下把凹坑修平，不留丝毫痕迹。他想了一个方法，在拔坑器的拔头上涂上胶，用胶的黏力去拔坑，起初用的是801胶，造成冲击杆和漆面无法脱离，很容易损伤漆面。他跑了20多次化工商店，买了各种各样的胶，都不行。后来，他专程到长春理工大学向化工专家咨询、求教，回来再将理论转化为工艺，反复试验，终于找到了一种特殊方法，使胶和漆面在10秒钟内就能脱离而不留下丝毫痕迹。

王洪军成名了，成为一汽－大众车身整修的首席技师。

这一天，公司的一位高层领导找到他，郑重地对他说，公司准备采用热成型钢板来制作奥迪新款轿车车身，需要他尽快攻克一个难题，否则这个项目就很难上马。这是一个怎样的难题呢？公司里有许多国内顶尖的汽车科技精英，为什么要让一个只有技校学历的一线工人来承担这个难题的攻关任务呢？王洪军感到了压力。

热成型钢板是当今世界上制作汽车车身最先进的金属材料。它刚性好、强度高，可以和航空上用的钛合金材料媲美。但生产过程中热成型钢板车身上的焊点检测却制约着公司的决策——焊点必须坚固可靠，不可靠的焊点将直接导致车身报废，而不可靠的焊点如果未检出，就会为轿车的行车安全留下"定时炸弹"。所以，德国大众的生产线上每个工位都安装着一台超声焊点检测仪，通过这种精密仪器来保证焊点检测的可靠性。但这种检测仪太昂贵了，每台造价 80 余万元，而一条生产线需要上百台这样的检测仪，这个巨大的成本是公司难以承受的。怎样在不使用超声检测的情况下，同样迅速可靠地完成焊点检测——这就是公司交给王洪军的特别任务。

王洪军开始“爬山”了。他一开始就感到了“高原”冷峻的气息：这次叫板的可不是那些他早已谙熟于心的进口钩子、钢锤，而是他一窍不通的超声检测仪。自己能够用“简单”的钩子、钢锤战胜那精密复杂的高科技吗？

“不做就永远不行，做了总有一天能行。”

他立刻行动起来。缜密的思维告诉他，解决问题的关键是找出德国大众为什么宁可增加成本也要使用超声检测的原因，然后才能对症下药。整整两昼夜、48 小时，他都在技术资料和车身小样里凝思。原因被一一列出，又被一一排除。最后，他将目标锁定在如何将手工检测工具插进高强度的两层钢板间。

王洪军发现：热成型钢板较普通钢板强度高许多，这就使得手工焊点检测工具无法插进两层板材之间，更无法提供检测焊接部位所需要的分离力。要解决这个问题，就必须制作一种适合于热成型钢板焊点检测的高强度专用工具——原理就这么简单。于是，他对几十种高强度金属材料进行了仔细研究、比较，选出一种既坚硬又有弹性的理想材料。材料有了，怎样才能形成强大的焊点检测分离力呢？他想到了日常生活中所用的瓶起子，小小的铁片可以产生如此强大的力量，全归功于杠杆原理。如果在制作工具过程中改变原有工具的形状及厚度，再多加一个支点，使之具有一定的杠杆作用，不就可以产生强大的分离力了吗？

王洪军在使用自己设计的检测工具工作

又是一个不眠的 24 小时。王洪军将设想变成了握在手里的专用检测工具——这么一件小小的工具，将公司领导、技术人员、德国专家都吸引到现场，他们还不敢相信，就是这样一件看上去非常简单的工具能够取代高科技的超声检测仪。但当王洪军仅仅用了 3 分钟就检测完一个试验件时，人们惊讶了——德国专家认真地对王洪军说：“你创造了一个奇迹。”

王洪军不但创造了属于中国工人的奇迹——用自己的方法修复着德国专家都修复不了的各种车身缺陷，还在公司竖起了岗位创新的大旗，更用十几年的努力、47 种 2 000 多件自主研制的整修工具和 37 项专利结束了一汽 - 大众进口钣金工具的历史。

王洪军又证明了一个“定律”：中国工人可以开辟属于自己的技术之路。

勇于挑战就能超越

展车制作是车身整修钣金工的最高境界，王洪军制作展车堪称一绝，但这一绝却来之不易。

为了展示产品形象及企业综合实力，2003 年以前，一汽 - 大众参加各类车展的作品，都是重金聘请德国专家来做的。而每次德国专家做展车时，都不让中方员工直接参与，理由是怕影响展车制作的进度和质量。

王洪军是个见好就学，不学到手决不罢休的人。一天下班，王洪军折回展车制作现场，将德国专家没焊完的一条焊缝试着焊了一段。德国专家发现后，厉声问道：“这是谁干的？”王洪军连忙承认是自己，并连声道歉。德国专家拍拍他的肩膀说：“小伙子，我都干了 23 年了，用你们中国话说，你‘不能一锹挖口井’啊！”那天晚上，王洪军失眠了，失眠得很厉害，他深知做展车的功夫不是一朝一夕练成的，但他不能等 23 年，他只争朝夕。德国专家其实也不保守，对王洪军，任由他近距离观察自己的操作，有时还特意让他做一些辅助性的技术工作。王洪军也制订了一个学习的绝妙计划，利用报废的车辆在每天下班后将德国专家当天的操作重复一遍、两遍、三遍，还加进自己的感悟和改进。2003 年，公司起用王洪军与德国专家同时制作展车，仅仅两周，王洪军就完成制作，领先德国专家整整两周时间。在终结公司进口钣金工具历史后，王洪军又从此终结了公司重金聘请德国专家制作展车的历史。这位来自德国大众掌握着国际最高等级 Q1 标准展车制作工艺的一流高手再次拍拍王洪军的肩膀说：“王先生，你用 3 年超过了我用 23 年达到的水平。我要请你去德国做展车。”

王洪军就是这样，不断挑战、突破、超越，再挑战、再突破、再超越。

2003 年 4 月，对王洪军来说，是一个里程碑；对中国的汽车行业来说，是一个标志。经过深思熟虑，王洪军将多年来积累的工艺技术思考记录、操作技能要诀、工具革新创造进行了系统总结，形成了以 47 项 123 种实用又简捷的轿车车身钣金整修方法为主的工艺报告。王洪军将这份报告郑重地交给公司，表达了一名公司员工对企业、对国家的一种忠诚，表达了一名中国工人对民族汽车工业、对改革开放使命的一种责任。他说：“我之所以注意总结和归纳这些修复方法，就是为了其他工友不再盲目试修，因为一旦试不好，就可能导致车身报废或出现报废件，给企业造成浪费。”

公司立即成立了由中德质保专家联合组成的评审组，对王洪军提交的报告进行了严格的理论验证和工艺鉴定。评审小组认为：王洪军总结出的这 47 项 123 种车身整修方法包括轿车白车身表面缺陷修复法、漆后钣金缺陷修复法、车身间隙平面度超差调整法和展车制作法四个部分，自成体系，具有独创性和极高的实用价值，使一汽－大众轿车车身整修技术登上了一个新的台阶，居国际领先水平。一汽－大众正式将此系列工艺技术命名为“王洪军轿车钣金快速修复法”。

2006 年，“王洪军轿车钣金快速修复法”从 1 000 多个候选项目中脱颖而出，获得国家科学技术进步二等奖，这是新中国产业工人第一次获得这样的奖项。

2007 年 2 月 27 日，2006 年度国家科学技术奖励大会在北京人民大会堂举行。王洪军和中国科学院著名院士李振声等科技战线的精英们一起登上了中国科技殿堂的最高领奖台。领奖的时刻，他激动得泪水夺眶而出：这意外的奖项虽不是刻意追求的目标，但却是他人生理想和生命价值的实现。

这一天，德国大众总部向他发来贺电：我们为有你这样的员工而深感自豪和荣耀，你将成为大众所有员工学习的榜样。

就这样，王洪军凭着勇于接受挑战的信心和刻苦钻研、永不服输的敬业精神为自己，更为集体争得了荣誉，他用自己的行动证明：中国工人也可以领跑世界。

把创新和奉献的旗帜插到每一个工位

2010年，在全国劳动模范和先进工作者表彰大会上，王洪军代表全国劳动模范和先进工作者宣读倡议书：劳动光荣、知识崇高、人才宝贵、创造伟大。新时代的中国工人必须不断学习和掌握新知识、新技术、新本领，不断创新、不断创造、不断创优，才能够肩负起国家和时代赋予的历史使命。中国工人一定能不辱使命，用不屈的精神、一流的才智和灵巧的双手创造出更加美好的家园。

王洪军深知，美好家园的建设需要群体的力量。作为个体，他所做的实在是沧海一粟。为了让更多的工友、同行能够得以借鉴、共同提高，在自己的钣金修复法得到公司的认可后，他用了3年的业余时间，几易其稿，撰写出版了20万字的《王洪军轿车车身返修调整方法》一书。这本专著的出版填补了国内汽车钣金领域的一项空白，立刻成为许多汽车企业和职业院校的技术指南和权威教材。对属于自己的专利，王洪军本可坐收不菲的专利使用费，然而许多企业都在无偿使用。每次谈到这件事，他都淡然一笑："技术就是要使用才能有价值，只有被使用的技术才能不断发展，表面上这些技术属于我个人，本质上它属于一汽集团，属于高速发展中的中国汽车工业。"

王洪军这样看待自己的收入：有些工作的价值是无法用收入来衡量的，比如快乐。于是就有人问："那你在工作的过程中，什么让你最快乐？"他不假思索地回答："当我攻克一个又一个技术难题时，就感到特别快乐；当自己的创造发明给公司带来效益时，就感到特别快乐；当有人提到一汽集团有一个很厉害的钣金工叫王洪军时，就感到特别快乐。"

然而，王洪军还有比这更快乐的事。那就是他带出了 200 多名徒弟，在一汽 - 大众形成了一个特别能战斗的“洪军团队”。在他们当中，很多人都已经成长为钣金整修工段专家级的技师。王洪军骄傲地说，在一汽 - 大众，所有车型整修线上分兵把口的都有他的徒弟。

爱岗是一种态度，敬业是一种奉献，创新更是一种难以估量的付出。2004 年，公司在试产新车型的过程中，经常出现一些技术问题，加班加点成了王洪军的常事，下班刚到家里就接到厂里的“救急”电话几乎成为常态。赶上妻子上夜班，他就带上 3 岁的女儿，将车停在公司门口，把女儿锁在车里，弄些玩具让她自己玩。有一次，他在线上干了 3 个多小时才出来，打开车门一看，女儿已经哭成了泪人，对他说：“爸爸不要我了！”王洪军赶紧把孩子抱起来，才发现孩子的裤子已经尿湿，他的眼泪再也忍不住了。他觉得对不起孩子，常想周末带孩子去公园玩，补偿一下对女儿的亏欠，可到了周末他又“无奈”地出现在自己的工位上……

需要王洪军解决的问题太多太多，王洪军干的活也太多太多，工友们都说他是生产线上的“千手观音”。王洪军却说：“我再能干也只有一双手。我和我的工友们说好了，一定要把创新和奉献的旗帜插到每一个工位。大家都努力，那才是真正的‘千手观音’。”

王洪军的事迹不胫而走。各种荣誉、头衔纷至沓来：第十一届全国人大代表、全国劳动模范、全国五一劳动奖章获得者、中华技能大奖获得者、全国机械行业技能大师……但业内，人们更喜欢称他为“中国钣金王”。有人开玩笑地问他：“你更喜欢哪个头衔?”他想了想，认真地说：“荣誉是别人给的，功夫是自己练的，有了真功夫，人活得才踏实。我还是争取做一个名副其实的‘钣金王’吧。”

撰稿：宦平。文前照片和文内照片均由倪楠拍摄。

主要参考文章

1　丁军杰，黄明．岗位创新的楷模王洪军［N］．工人日报，2007-4-26（1）．

2　李己平，刘畅．有37件专利的“钣金王”［N］．经济日报，2010-5-26（14）．

3　姜范．立足岗位创新　勇当科技主人［N］．经济日报，2009-2-8(8)．

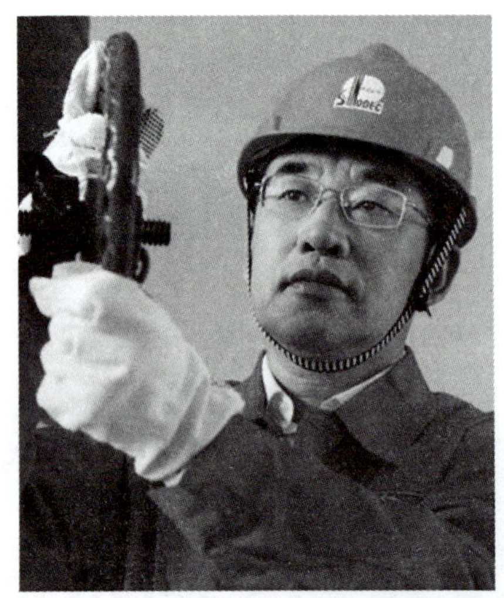

“工人发明家”代旭升

中国石油化工股份有限公司胜利油田分公司采油工，高级技师。全国劳动模范，全国五一劳动奖章、中华技能大奖获得者。坚持围绕生产开展技术革新，先后自主完成80多项技术革新，其中十余项获国家实用新型专利，1项荣获国家科学技术进步二等奖，累计为企业创造经济效益1亿多元。创办“采油技能大师网站”，将自己的实践经验和创新体会毫无保留地贡献出来，培养出一批批优秀人才，为企业技能人才队伍建设做出突出贡献。

铁人精神的传承者
——记“工人发明家”代旭升

黄河之水天上来，奔流到海不复回，日复一日，年复一年，在入海的地方，形成了中国最年轻的陆地——黄河三角洲。有着“石油地质大观园”之称的我国重要能源基地——胜利油田就诞生在这里。

1972 年，一个初中毕业的 17 岁单薄小伙子，在“我为祖国献石油”的感召下，从美丽富饶的青岛只身来到这片人迹罕至的茫茫荒原，一干就是几十年。

西风烈，烈风没有把他吹倒；荒原苦，苦荒没有把他吓走。荒原流淌的石油让他燃烧着激情，迸发出灵感，几十年的执着和坚守，书写出一个个动人的故事。

他，先后自主完成技术革新 80 多项，16 项获国家实用新型专利，2 项申报国家发明专利，1 项获国家科学技术进步二等奖，累计为企业创造经济效益过亿元。

他，从一名初中毕业生、普普通通的采油工人，成长为胜利油田首席技能大师、山东省首席技师、全国技术能手、中华技能大奖获得者、全国五一劳动奖章获得者、全国劳动模范，被誉为“工人发明家”。

他，创办了胜利油田“采油技能大师网站”，为有志于技术革新的青年工人答疑解惑。为提高青年工人的业务技能，他毫无保留地将自己的技术公布于众，将网站办成了采油工人的“技术家园”。

2008 年 12 月 5 日，他捧得了我国技术工人职业技术水平奖中的“奥斯卡”——中华技能大奖。

2009 年 1 月 9 日，他以国家科学技术进步二等奖获得者的身份微笑着登上了人民大会堂的领奖台。

2009 年 4 月 21 日，“第三届中国发明家论坛”暨“第四届发明创业奖”颁奖大会在北京人民大会堂举行。又是他，这名胜利油田的普通工人，成为 39 名“发明创业奖”获奖者之一。

这名采油工人就是中石化胜利油田高级技师——代旭升。

艰苦创业，练就“铁人”精神

1972 年隆冬，17 岁的代旭升背起简单的行囊，登上远去的列车，离开美丽的青岛，只身前往 923 厂。临行前，他的父亲并不知道 923 厂是个什么厂，这个在钢管厂干了一辈子的老工人坚信，既然是个保密的地方，肯定是国家的重点项目，错不了。他满怀豪情地对儿子说：“好好干，干就干出个样子来！”

923 厂，就是胜利油田的前身。当年，石油作为战略物资，油田的地址是极其保密的，通信地址也常以 ×× 号信箱代替。

代旭升来到油田后发现，他所在的采油 16 队，前不着村，后不着店，最好的“建筑”就是队部几栋破旧的“干打垒”，四周是一人多高的芦苇，却看不到一棵树。住在“干打垒”里，阴暗潮湿不说，一到下雨天，屋外大下，屋内小下。平时喝水靠送，碰到恶劣天气送不进来，就只能喝地沟水，苦涩得难以下咽。喝着地沟水，住着“干打垒”，这与青岛的“红瓦、绿树、碧海”有着天壤之别。现实的一切大大超出代旭升的想象，他的心一下子掉进了冰窟窿里，怎么也提不起精神来。

队指导员，一位年近半百、参加过大庆会战的四川人，看出了代旭升的心思，语重心长地说：“小伙子，安心干吧，油是靠人采出来的，环境是靠人创造出来的!”指导员还利用工余时间，给代旭升讲“铁人”王进喜，讲大庆会战，讲大庆石油工人的优良传统。“别人会的，你一定要学会；别人不会的，你想方设法也要学会!”指导员告诉他。

晚上，代旭升躺在床上难以入睡，指导员的话一直回响在他的耳边。“铁人”王进喜到底什么样？他总觉得有些遥远。

然而，不久后的一次亲身经历，让他的思想发生了转变。

油田自喷井，很容易有油蜡附着在油管管壁上，影响油井正常生产，因而清蜡就是采油工最基本、最艰难的工作。一天，班上最偏远的一口油井发生蜡堵，班长带着队员一起去清蜡。班长自己压钢丝，代旭升他们几个摇绞车。压钢丝是个技术活，一刻也不能停，不像摇绞车可以轮换着休息。其他几个人几次想去替换班长，班长却说：“这口井是高产井，蜡堵得厉害，还是我来吧。”当时正值寒冬腊月，北风吹在脸上如同刀割，班长站在井场上就像一颗钉子，一干就是5个多小时。由于站立的时间太长，清蜡完成后，班长竟一下子跪倒在地。

那一刻，代旭升的眼前，是跪倒的班长，而代旭升的心里，却树立起石油工人的高大形象：铁人就在自己的身边。从那时开始，代旭升就告诉自己，油田精神就是铁人精神，更是不服输、不放弃的执着精神。从此，他暗下决心，要像班长那样扎根一线，做一名合格的石油工人。

当一名合格的采油工并不容易。这个不服输的采油学徒工，面对陌生的设备和复杂的技术，牢牢记住了指导员的话——别人会的，你一定要学会；别人不会的，你想方设法也要学会。为了尽快掌握清蜡技术，代旭升给自己定了任务，每天工余时间再练上100遍，完不成不罢休。两个月过去了，细钢丝在他手里旋转起来像变魔术，结打得又快又漂亮，刮蜡测气这些活也上了手。

“2毫米粗的钢丝，也就比缝衣针粗点吧，攥在手里一转就会磨出一串血泡，代旭升练了一遍又一遍，右手血肉模糊，一伸一握疼得脸上滚汗珠子，可他就这么咬着牙手攥钢丝一天天练下去……”说起当年的情景，代旭升的妻子依然心疼不已，眼里隐隐含着泪花。

在这样执着的磨炼中，能吃苦、爱动脑的代旭升很快脱颖而出，一起来的同事还未出徒，他已经能像师傅那样顶岗了。

凭着一种踏实肯干的精神，在十多平方米挤 7 个人、连张桌子都放不下的宿舍内，在 3 年的时间里，代旭升锲而不舍地刻苦攻读，硬是啃完了高中课程和《采油工艺》等十几本采油技术书籍，并在油田组织的“百问不倒”活动中获得了他的第一个荣誉称号——技术能手。

革新与采油工人的“句号行动”

扎实的技能使代旭升很快得到提拔。刚当完 4 年学徒工，代旭升就成了带领十几个人的班长。

当年，井场规格化是采油工的基本功。所有工人都得用铁锹把井场拍打得横平竖直。就为这，代旭升和班组的兄弟姐妹们没少费力气。

“有没有更好的办法呢?”代旭升琢磨起革新来。一天，他想起农村轧麦子用的辘轳，于是找来半米长的粗管子，在里面装上沙子，让两名工人架着管子压井场。粗管子不但增加了受力面积，而且压出来的井场既结实又耐看。不出两个月，代旭升的班组成了标杆班，这种打造井场规格化的办法也在全队推广开来。

第一次革新带来了意想不到的效果，令代旭升始料不及。从那时起，他的革新劲儿越来越足。

为解决稠油开发难题，代旭升当时所在的东辛采油 2 队一连上了 7 台链条式抽油机。由于抽油机平衡缸漏油，齿轮泵经常出故障，工人们要爬到 4 米高的平衡储油包上加油，操作起来费工费力，又很危险。

怎样才能不再受这攀上爬下的折磨呢?这成为萦绕在代旭升脑海里的问题。他白天在井上观察，晚上在家查阅资料，认真研究平衡系统和储油包的结构原理，一个革新方案很快形成了。然而，真正付诸实施，却完全没有想象的那么简单。一连3个月，代旭升的设计构想丝毫没有进展，他心急如焚，情绪低落。

“小代，别灰心，做成一件事哪能这么容易，坚持到底一定能够成功!”领导和同事们的鼓励，让代旭升又振作起来。他重新调整设计思路，方案做了十几个，图样画了上百张……经过半年多的反复试验，“气压式加油包”终于装到了井上，工人们再也不用爬上抽油机加油了，也不用担心从高空中掉下来了。

1989年，代旭升被采油厂聘为采油技师，负责采油二矿300口油井、150口水井、30多个计量站的技术保障工作。对此，他响亮地提出了“句号行动”，郑重承诺在他负责的技术服务范围内，遇到的所有技术、设备问题，即使再棘手、再麻烦，也要努力解决，不把问题上交。“句号行动”提出以后，他先后解决技术难题和排除设备故障2 000多个，发明的“抽油机计量控制柜”“角式单流阀”“低压真空开关”“增压泵软连接装置”也都成为破解生产难题的妙招。

1990年，代旭升走上了东辛二矿采油工程现场管理岗位，他的革新触角同时延伸到方圆几十公里，甚至扩张到每一个井站。

1993年10月，二矿在边远地区一连打了十几口新井。当时，附近没有气源点火加温，到了冬天，这些管线隔三岔五因低温堵塞，需要大批人力、物力疏通管线，损失很大，干部和工人们天天担惊受怕。

作为一名现场管理者，代旭升总感觉有一种说不出的滋味。要是能研制出一种管线加热装置该多好啊!

自从有了这个想法，代旭升便骑着破旧的自行车，穿梭在一口井和另一口井之间。夜深人静，他一个人躲在屋里构思、研究，设计草图。90多个日日夜夜，他没有睡过一个囫囵觉，脑子里全是流程和图样，就连梦中都做着试验。经过上百次的计算、设计和试验，“JN-150型节能电加热器”问世了，人们紧绷的神经放松了。

这项革新是代旭升的第一个国家实用新型专利，更坚定了他继续革新下

代旭升在专心进行技术革新研究

去的信念。

2007年初冬，代旭升所在的采油矿新打了十几口稠油井。由于天冷油稠，管线常常被堵。矿上尽管想了各种办法，可效果总是不理想，代旭升决心试一试，准备研制一种新型装置——“煤加热炉”来解决这一难题。

“这个问题连油田的专家都没解决，你一个工人能行吗?”这时很多人都表示怀疑。

“既然想到了，就要试一试!”代旭升没有丝毫犹豫。设计出“煤加热炉”的样品后，他连续几天泡在现场进行试验，人累瘦了，但意志不衰。几经努力，“煤加热炉”试制成功，并在十几口油井上使用，整个冬季管线再也没有堵过一次，仅此一项每年就创效100多万元。

当过采油工的人对调平衡的工作并不陌生。如果哪口井抽油机平衡出了问题，采油队维修班的小伙子们便不得安生。最初的时候，四五个小伙子替换着抡大锤调节平衡，膀子往往抡得发酸，虎口震得发麻，而费了九牛二虎之力也不一定能调节成功。

2007年4月，代旭升研制的液压式调平衡装置顺利通过胜利油田专家组鉴定，并在采油生产中全面推广应用。如今，只要两名娇小的采油女工便能轻松调节平衡，安全系数也被提升到一个新的高度。这项技术革新实现了采油工人操作工艺上的一次飞跃，也兑现了他“句号行动”的郑重承诺。

把飘忽无形的天然气装进“口袋”

自1964年正式投入开发建设到21世纪初，胜利油田已过“不惑之年”，综合含水量达到90.5%，开发的难度越来越大。要保证每年2 700万吨以上的原油产量，就要不断地挖潜增效，从“蚊子腿上剔肉”。

已有“工人发明家”美誉的代旭升，这次与看不见、摸不着的油井套管中的天然气较上了劲。

油田生产过程中，由于油井套管气压力低，很难进入集油干线。长期以来，套管气都是直接排入大气中，既污染环境又浪费资源。为解决这个问题，对套管气比较多的井，油田曾尝试采用油管和套管连通的方法进行回收，但由于影响油井正常生产而被迫放弃。

如何阻止套管气白白跑到空气中？这成了代旭升心中的一个结。那段时间里，代旭升像是着了魔，经常盯着套管发呆，甚至还念念有词：“气咋跑了？”哪怕是闭上眼睛，脑海中浮现的还是套管。

最初，代旭升采用空气压缩机抽汲套管气，可活塞隔几天就产生积炭。积炭一多，压缩机很容易发热，弄不好就会爆炸。为了避免发生事故，他连续几天盯在试验现场。当时正值隆冬季节，呼呼的北风直往衣领里灌，平常穿的工服根本不管用。代旭升在寒风里蜷缩着身子，脚蹲麻了，就站起来跺跺；手冻僵了，就哈口热气暖和暖和；实在撑不住了，就围着设备跑几圈。

就在这时，传来他父亲去世的噩耗。在回青岛的车上，代旭升喃喃自语：“怎么会呢，怎么会呢？怎么这么快就走了？”不久前，父亲住院期间，代旭升给父亲喂饭喂药、洗脸擦身，努力尽一个做儿子的孝心。父亲的病情有了好转后，就对他说：“你们油田挺忙，回去吧，这儿有你哥呢。”在老人的再三催促下，代旭升恋恋不舍地告别了父亲。谁知刚离开数天，竟和父亲永别了。

亲人的离去和试验的不顺利并没有让代旭升灰心丧气，他索性自己联系厂家制作自己设计的样品。他两下江苏泰州，四赴安徽蚌埠，行程上万公里，历经上百次试验，终于研制成功“移动式套管气回收装置”。

这套让代旭升悲喜交加的“移动式套管气回收装置”，通俗地说，就是把白白浪费、排入大气中的油井套管天然气回收起来，实现水气分离，增压后全部输入输油管线，彻底解决了油井套管气外排问题。这项发明不仅解决了油田开发与环境保护的矛盾，还填补了国内技术空白，年创经济效益 2 000

多万元。

漫步在黄河口，湿地绿毯的静态与抽油机群的动韵相得益彰。远处橘黄色的采油平台点缀着美丽的渤海湾，构成了一幅迷人的景色。油井旁，套管气回收装置正在工作。该装置外形精巧美观，用手轻轻触摸，机器轻微颤动，没有噪声，机身也不滚烫。油田人都说，有了移动式套管气回收装置，“天天呼吸天然气”的历史已经一去不复返了。

胜利油田东辛采油厂职工代旭升发明的移动式套管气回收装置能回收机械采油时产生的套管天然气，彻底解决了套管气外排造成的浪费和大气污染，应用以来每年回收天然气 500 万立方米。中央电视台曾以“全国总工会发布职工节能减排创新成果”为题，报道了这一新闻。

2009 年 1 月 9 日，在国家科学技术奖励大会上，采油工人代旭升以国家科学技术进步二等奖获得者的身份微笑着登上了人民大会堂的领奖台。他成为了中国石油化工产业工人中获此殊荣的第一人。

代旭升，一名普通工人，用自己的勤奋睿智和革新成果向世人表明：只要肯钻研、下苦功，一线工人照样能把飘忽无形的天然气装进“口袋”。

让原油增产，重现净土碧水

油田进入开发后期，许多油井受地质、井筒等因素的影响，有的无法正常生产，有的濒临报废。还有一些行将报废的油井，在停产过程中有时会逐渐恢复压力，使原油慢慢从井口溢出来。数量虽然不多，但造成了环境污染，并给管理带来很多困难。看着不少这样的油井被废弃在荒郊野外，代旭升的心始终不能平静。“把这些井里的原油捞上来，就是效益，就是提高采收率！”工余间隙，他会不由自主地沿着小区周围的巡井小路，查看废弃油井的状况。

“人总不能钻到井筒里去捞油吧！”一个客观而又现实的难题摆在代旭升面前。为琢磨捞油方法，他成了图书馆的常客，还专程到采油院、设计院拜访专家，寻找井筒捞油的方法。

多方求证让代旭升对捞油加深了认识，他想到了一般采用的提捞法。随着油井压力恢复，地层的原油渗到井筒，就会顺着油管举升到一定高度。此时一般会下抽子（一种捞油工具）到井筒，用提捞的方法采油。可是，一旦抽子不慎下井过深，负荷就会急剧增加，要么卡死在井筒里，要么拔断钢丝绳，不但捞不到油，还可能造成事故。

那段时间，代旭升时刻想着捞油，急得嘴上起了泡，熬得眼睛布满血丝，有时候连饭也顾不上吃，在井场做试验。一天夜里，代旭升梦中灵感来了！设计一个泄油孔，抽子上部的负荷不就降下来了吗？他赶紧披衣下床，麻利地画了起来，一张图样很快展现在眼前。不久，一种新式捞油装置成为现实。代旭升发明的“自动泄压式凡尔抽子”，一年能捞油近千吨。队上的同事激动地说：“现在咱们国家还没有‘四次采油’技术，这下好了，空白被你给填补了！”

在原油增产的同时，代旭升还始终关注着环保问题。“原油落地”“污水入海”正是胜利油田曾面临的两大环保难关。

“原油落地”是指生产中有些油井因各种原因停井后，必须把输油管线内的液体排空。过去排出的液体都是放入露天污油池，既造成能源损失，又污染环境。代旭升为此研制出集原油回收、防火、防盗等多项功能于一体的“玻璃钢污油储存罐”代替露天污油池，实现了文明采油里程碑式的突破。“污水入海”是指过去采油污水都是直接排放到海里。为减少污染，同时解决部分注水井无回水管理线，洗井难、费用高的问题，代旭升研制了注水井循环水处理装置，将采油污水处理成合格水，回注到地下，实现循环利用，解决了“污水入海”的难题。

经过多年努力，代旭升在节能减排、清洁生产方面，有多项成果得到应用。为最大限度地实现成果共享，他还把这些专利技术完整地放在网站上，让人免费使用。吉林油田、长庆油田等地的厂家看到网上的专利技术，专门打电话问他要多少专利转让费，他不但分文不收，还耐心解答技术难题。许多人对代旭升的这些举动不理解，说他犯傻。代旭升却认真地说：“不论是给胜利油田增油，还是给其他油田增油，都是给国家增油，这样做，值！”

严师与高徒

代旭升不仅成果多，徒弟也多。他说，自己技术再高明也有退休的时候，只有把技术毫无保留地传授给身边的年轻人，才能让技术的火焰越烧越旺，才能实现石油石化行业的又好又快发展。

代旭升有很多徒弟。这些徒弟不仅在油田各关键岗位发挥着主力军作用，而且徒弟们又滚雪球般地培养出更多的徒弟。这相当于又有更多个代旭升在油田生产中发挥作用。

“要让更多的采油工成为油井管理的行家里手。”代旭升主动承担起技能人才的培养工作。青年工人在实践操作上不得要领了，他就手把手地教操作流程，传授技巧和心得；谁在理论上有解不开的疙瘩了，他就循循善诱讲原理，一对一解疑难；哪个人在技术创新上遇到“拦路虎”了，他总会不厌其烦地帮助查资料、出主意、想点子。

2009 年 1 月，中国石油大学研究生马珍福正式成为代旭升的徒弟。研究生拜工人为师，成为胜利油田“导师带徒”制度实行以来的一段佳话。马珍福说：“能给大师当徒弟，是我的骄傲!”

“代师傅跟我们生活在一起，没有三头六臂，也没有火眼金睛，可就是有点子、有办法，给我们解决了很多生产难题，冲这个，我们就喜欢他、爱戴他。”“从代师傅身上学到的不仅是创新思维，更重要的是学到了执着创新的精神，把聪明才智释放出来，就能有所收获。”代旭升的徒弟们对师傅充满了感激之情。

2006 年，代旭升成立了“工人技术创新协会”，一手抓培训，一手抓创新，带动了采油职工技术素质的提升，技术创新成果层出不穷。

为方便与徒弟之间的沟通交流，代旭升自主创办了胜利油田“采油技能大师网站”，实施网上助学助教。网站已成为青年工人请教疑难问题的“技术家园”。

每天，代旭升都要拿出相当的精力维护网站，给提问的网友回帖。一天，一个叫“文文”的网友发了一张计量站油水分离装置的图片，请他讲一下该装置的内部结构及原理。代旭升接连在网上回了4个帖子，可这名网友还是没弄明白。代旭升十分着急，当听说纯梁采油厂一矿练兵场有一台解剖过的油水分离装置后，便利用休息时间，拍摄油水分离装置结构，并发照片到网上，问题迎刃而解。这名网友十分感动。

代旭升给徒弟们讲解技术原理

“桃李不言，下自成蹊。”代旭升带出来的徒弟，有的在全国技能竞赛中获奖，有的获得油田及以上“技术能手”称号，有的走上了领导岗位，还有的在平凡的岗位上取得了出色的成绩。自主创新、钻研探索的薪火在胜利油田代代相传。这也让代旭升这个先进典型发挥出了更大的辐射效应，实现了从“个体能人创新”到“集体创新”的跨越。

2008年4月，在晴朗的天空下，天安门城楼上黄色琉璃瓦闪耀着灿烂的光辉。天安门城楼迎来近300位为共和国做出特殊贡献的客人——全国劳动模范和全国五一劳动奖章获得者代表。代旭升已经是第四次登上天安门城楼了，但以此身份登上天安门城楼还是第一次。他激动地说，作为一名石油工人，能够和来自全国各条战线上的先进模范代表一起，登上庄严神圣的天安门城楼，心里难以平静。他把这次活动作为人生的新起点，立足岗位做贡献，锐意进取搞创新，为胜利油田又好又快发展和国家能源战略安全立新功。

撰稿：姜化明、陈顺华。文前照片由姜化明拍摄，文内照片由中石化胜利油田东辛采油厂提供。

■“蓝领专家”孔祥瑞

天津港中煤华能煤码头有限公司电动装卸机械司机，高级技师。中共十七大代表，全国劳动模范，全国五一劳动奖章、中华技能大奖获得者。潜心钻研，积极进取，学习先进技术，勇于探索创新，创立“门机主令器星形操作法”，提高生产效率，为企业创造经济效益上千万元。主持开展技术革新项目 150 多个，其中“门座式起重机中心集电器”技改成果获国家实用新型专利。被天津港誉为“港口工人的坐标”。

港口工人的坐标
——记"蓝领专家"孔祥瑞

渤海湾的海河入海口，坐落着一座雄伟壮丽的海港——天津港，在它绵延 21.5 公里的海岸线上，不分昼夜，总是一片热闹繁忙的景象。当巨轮在蔚蓝无垠的海面上来回穿梭时，港口上一台台大型门座式起重机（门机）矫健地挥动着钢铁臂膀，拨开了清晨的薄雾，划破了星空的寂静。

这些力大无穷的钢铁巨人是这座中国最大人工海港的绝对主角，它们只要"一开小差""一使小性子"，就能给港口一线的装卸工作带来一场不小的"地震"。但是，再桀骜不驯的机器，只要听到一个人的名字，就会低下头乖乖听话。

这个名字，是天津港两万职工名册上的一个，除了字面透着那么股喜庆劲儿外，是再普通不过的三个字。但几十年来在港口装卸生产一线的执着坚守、锐意创新、无私奉献，让这个名字成了知识型产业工人的最好诠释，成了天津港人人学习的"港口工人的坐标"。

名字的主人，就是天津港中煤华能煤码头有限公司操作一队党支部书记、队长孔祥瑞。150 多项技术革新，9 项国家专利，上千万元经济效益，数项全国同行第一……一次又一次，这位"蓝领专家"创造出令人赞叹不已的零故障和高效率。

可以没有文凭，不可以没有知识

1972 年，初中毕业的孔祥瑞被分配到天津港当上了一名码头工人，学的是门机操作，师傅是享誉全港的劳动模范金贵林。

那时，天津港自动化程度不高，能开上大型门机这个当时最先进的装卸设备，让孔祥瑞非常自豪，也倍加珍惜。面朝大海，他暗自下定决心：一定要把这个复杂难缠的大家伙变成港口工人的钢肩铁臂。

在师傅的印象里，这个年轻小伙儿不但聪明、机灵，而且肯吃苦、爱钻研。当门机司机一般要学三年，而孔祥瑞在一年多的时间里就熟练地掌握了各项技能，并且能够独立完成各种高难度的操作，很快成长为天津港门机操作的一把好手。

有一次门机大轴坏了，师傅和孔祥瑞拉着大轴去外面修，花了一个星期的时间才修好。回来后师傅带领他们搞革新，自制了一台液压机，不但为企业节省了维修费用，而且大大缩短了维修时间。这件事深深触动了孔祥瑞，他给自己定下了一个新的目标：一定要像师傅那样，不但会开门机，还要会修理、会革新。

从此，孔祥瑞就与门机这个庞然大物铆上了，一头扎进了门机精妙的技术世界。十几年后，他成为天津港有名的门机专家，对各种门机的脾气秉性都了如指掌。

一次，码头上一台门机的回转大轴承出现异响，这有可能是缺少润滑，但也可能是重大事故的前兆。如果不拆卸进行彻底检修，门机就有可能瘫痪；如果拆卸，企业会蒙受上百万元的经济损失，要是没有问题……拆还是不拆？在场的企业领导和工友们都用期待的目光看着孔祥瑞。

孔祥瑞冷静地听了听响声，果断地说："是轴承坏了，必须拆！"根据他的提议，公司请来海上浮吊进行作业。伴随着浮吊的隆隆声，门机上半截被缓缓吊起，回转大轴承拆了下来。但结果却出人意料，回转大轴承正面完好，没有异常。难道判断错了？孔祥瑞陷入沉思，但几分钟后他再次确信自己的判断是正确的。他冷静地指挥吊车将回转大轴承翻了过来，答案终于揭晓，只见正面完好的回转大轴承背面滚珠已经散落出槽，如果继续使用，后果不堪设想。门机的故障被及时排除了，大家都长长地舒了一口气。

孔祥瑞凭听声音就能诊断设备故障

听到这个故事的人可能不会想到，这个"听音断病"的能人只有初中学历。那么，孔祥瑞又是怎么"玩转"这些复杂先进的机器设备的呢?

充满专业术语、技术参数的设备说明书，全然陌生的力学、机械结构、液压原理、电工学等专业书籍，孔祥瑞是一项项、一页页、一本本地啃下来、背下来的。但背熟了术语、参数、原理还远远不够，他一定要到生产现场亲自动手检验，将书上的知识和实际操作融会贯通，才肯罢手。这就是孔祥瑞的独特学习方法——"专学专用法"，即所学的东西必须与设备需要和实际操作联系起来，从实践中来，再到实践中去。

孔祥瑞还有一个雷打不动的工作习惯——记日记。工作几十年来，无论多晚多累，他都会将当天设备出现的故障和原因、修理过程、注意事项等，一一记录在案。这个过程被他称为"总结提高再学习"，每一点工作中的顿悟、每一次技术革新的突破口，都蕴涵在那数十本写得密密麻麻的记事本中。

靠着这股子"水滴石穿"的韧劲，孔祥瑞硬是把书本上枯燥的"死知识"变成"活知识"，又将"活知识"一点一滴地变成了看得见、用得上的真本领，让许多学历比他高得多的人赞叹不已。

孔祥瑞多年如一日，始终保持着旺盛的学习热情，他切身体会到，在科技高度发达的今天，不学习就意味着倒退，必须不断用最新最先进的技术充实自己，才能适应时代的发展和要求。他说新时代知识型工人不是光会卖力气就行，只有动脑筋、多琢磨，关键时刻才能冲得上、拿得下。他总挂在嘴边的一句话就是“可以没有文凭，不可以没有知识”，当然更不能停止学习，“因为昨天的知识未必能处理今天的事情，今天的经验未必能解决明天的问题”。

办法一定比问题多

了解孔祥瑞的人都知道，他是一个闲不住的人。在办公室只要待上半天，就足以让他坐立不安了。他的腿闲不住，一定要奔向港口，亲眼看到、亲耳听到、亲手摸到那些与他朝夕相处的钢铁伙伴们；他的脑子更闲不住，不发现问题不踏实，发现了问题更不踏实，因为不解决问题，他就吃不好饭，睡不着觉。

1998 年，孔祥瑞在天津港六公司担任固机队党支部书记、队长，是负责公司装卸生产的核心力量——18 台门机的“大管家”。这种门机是当时世界上最大级别的门机，离地高度达 60 米以上。这些庞然大物显然不太好“管教”，给孔祥瑞和他的团队出了一道又一道难题。

8 月的一天，孔祥瑞失眠了。两周后，会有一艘公司成立以来最大的散货船进行“抢水”。“抢水”是大吃水船在航道水深不够的情况下，趁涨潮时进港卸货，在退潮前，大船必须回到锚地水深处，以避免搁浅事故。可以说，“抢水”就是抢时间！

此时，一个令人沮丧的消息传来，参加这次装卸作业的几员“大将”之一的 12 号门机出了问题，并且偏偏坏在了最要命的地方，转柱回转大轴承下支撑面出现了 1.5 米的大裂缝！

孔祥瑞的心猛地沉了下来：要进行抢修，第一步就要把门机上盘抬起，而租用海吊至少需要等待两个月左右的时间。远水不解近渴！

队里紧急召开了一个“诸葛亮”会。孔祥瑞在会上做了个极具“煽动性”的开场白：“12 号门机是给咱队、给公司争光露脸的。我就不信，咱几十条汉子，顶不起这门机上盘！”

一个“顶”字脱口而出，点燃了大家的灵感：千斤顶！从理论上讲，用

10个承压30吨的千斤顶完全可以顶起门机上盘，可这毕竟没有先例，能不能成功？孔祥瑞的脑子里也满是问号。

通过与机电科专家深入探讨，孔祥瑞坚定了使用千斤顶的信心。但是，他深知这次操作来不得半点差错。“多做几次计算吧，反正也是睡不着了。”孔祥瑞想着，来了精神。他又一次搬来那厚厚的一摞资料……

次日清晨，孔祥瑞早早来到现场，爬上12号门机故障点。他发现，门机的回转大轴承与法兰盘是压在一起的，根本没有缝隙，要将其分离谈何容易。没有支点的千斤顶无异于废铁一块。

孔祥瑞不甘心放弃，他与工友们研究发现，在法兰盘之上的门机旋转外齿圈可以作为上支点。那下支点呢？千斤顶不能悬空工作。孔祥瑞又一次埋头研究。终于，在门机厂方技术人员的帮助下，不到两周时间，一项新成果诞生了：焊接在法兰盘下的新型顶升支座应运而生。用它作为每个千斤顶的下支点，然后采用一边松法兰盘螺钉，一边同时顶升的工艺，就可将门机上盘顶起。

万事俱备！小千斤顶与大门机的较量开始了：1毫米……2毫米……1厘米……2厘米……“钢铁巨人”乖乖地被10个“小兄弟”稳稳托起，并达到了要求高度！门机修复圆满成功，前后仅用了9个小时！

孔祥瑞和工友们用油乎乎的手击掌相庆：小小千斤顶，抬起大门机，这是个不小的奇迹呀，而且这奇迹出自咱普通码头工人之手！

2001年，天津港进入吞吐量冲击亿吨的关键时刻。六公司18台门机的任务总量在来年还要再增长30%。但事实却是，这些“铁军”已经“出满勤、干满点”，使用率在全国港口排第一，作业时间已达极限。

“一定完成任务”的承诺言犹在耳，为了寻找答案，孔祥瑞寝食难安。那阵子，他满脑子都是门机在转，从门机抓斗作业的第一个动作到最后一个动作，在眼前不停地“过电影”，稍有疑惑，马上跑到门机前实地观察。工人们知道，孔队是在为“小马拉大车”想办法，可谁也不会想到，他心中正悄然酝酿着一个“大计划”。

孔祥瑞与工友们一起研究技改项目

经过反复观察，孔祥瑞发现，门机抓斗在放料时，纵向斗瓣先打开，继而横向斗瓣打开，就是在这一前一后间，起升动作会出现10秒钟左右的停滞现象。这是个不易被人发现的作业空当，在有心的孔祥瑞看来，无异于发现了“新大陆”！

激情，一旦被点燃，希望就不再遥远！为了争抢这至关重要的10秒钟，孔祥瑞铆足了劲：为摸清抓斗操作控制线路，他在门机机房里一待就是一整天；为绘制一幅合理的结构图样，他守在灯前常常一干就是一整晚；为获得最新的门机生产资料，他不辞辛劳地拜访全国主要门机生产厂家的专家骨干……

改变门机动作要从改造门机的“大脑”——主令器入手！凭借对门机的熟悉，孔祥瑞将门机动作控制系统“解剖”，与队里技术骨干共同研究，终于把抓斗起升、闭合控制点合二为一，并将主令器手柄移动轨迹由十字形改为星形，在抓斗打开和提升的两个轨迹之间增加一个新轨迹，让上述两个动作沿新轨迹用一个指令同时完成。

“门机主令器星形操作法”随后在全队进行了推广。实践表明，门机每完成一次作业可节省时间15.8秒，平均每天能多干480吨，当年就为公司创效1 600万元。2002年，这一操作法被天津市总工会命名为“孔祥瑞操作法”，成为天津市职工十大优秀操作法之一。

这就是孔祥瑞的工作常态，总是面临棘手的问题、紧迫的时间、巨大的压力，每次攻克难题的过程都是向更加陡峭的山峰发起冲锋。但他坚信“办法一定比问题多”。正是这种信念，使一个个“金点子”不断诞生，解决了生产中的难题，提高了生产效率，创造了经济效益，也使孔祥瑞所在部门机械设备管理水平迈上了新台阶。

再先进的设备，也有不完善的地方

2003 年，孔祥瑞被调到煤码头公司操作一队任党支部书记、队长。这次他面对的是 2001 年才从美、法、日进口的自动化系统联动传输设备。孔祥瑞很快就打起了翻车机摘钩杠杆的主意。自动化设备中的翻车机承担接卸到达列车任务，每列列车 54 节，翻车机每摘钩一次翻倒出两节原煤。原摘钩杠杆通过一个相互垂直的杠杆带动液压轴完成摘钩操作。由于垂直杠杆为一次压膜成型钢件，使用时应力集中，容易损坏，经常摘不了钩，造成每月停机十几至二十几次，而且维修费时费力，直接影响卸车效率。孔祥瑞通过研究力学原理，找出"缓冲杠杆自身承受应力，简化维修更换程序"两个突破点，反复研究并改造垂直杠杆的结构，不仅延长了摘钩杠杆使用寿命，而且拆装灵活，便于维修，将维修更换时间由原来的 3 小时缩短至 15 分钟。

这次技术改造的成功，像是给孔祥瑞打了一针兴奋剂，面对这套价值 8 亿元的设备，他摩拳擦掌，跃跃欲试。

煤码头的 4 个转接塔是连续运输中的重要设施之一，而起保护塔内挡板作用的耐磨板完好与否，直接关系到整套设备的运行状况和成本消耗。随着公司大块煤种作业增多，转接塔挡板上的耐磨板极易受损，经常需要大范围更换。换一块耐磨板，一般要用近 30 分钟，降低生产效率不说，倘若破损的耐磨板落入煤中，就有可能割裂传输皮带，若是混进货物当中，还会导致货主索赔。

想到这些隐患，孔祥瑞坐不住了。通过查看转接塔挡板结构图和对耐磨板现有抗压抗热性能进行试验，他发现原设计未考虑大块煤作业，抗热摩擦指标远远低于大块煤作业时产生的热摩擦平均值。决定从耐磨板的制造工艺和原材料上下手后，孔祥瑞找来各种可用材料进行试验，研究出了一个四两拨千斤的"土办法"，只要在原耐磨板上加装用阿道斯板做成的 15 厘米厚的网格，就能大大缓解大块煤对挡板的冲击力，减少热摩擦，实现耐磨板"零更换”，每月可节省材料费 3 600 元，节约维修时间 9 小时，且能避免维修工高空作业，保障人身安全。

孔祥瑞有一个“三必改”原则：存在安全隐患的必改；不适合生产的必改；不便于维修保养的必改。即使是面对国际上最先进的设备，他也敢于“叫板”：“再先进的设备，也有不完善的地方。”所以，别人司空见惯的事，心细如丝的孔祥瑞总想也总能从中琢磨出不一样的名堂来。喷淋除尘装置的积水、冬季电缆表面的结冰……这些小细节被孔祥瑞一琢磨，就是一项技术革新。

2002—2003 年，孔祥瑞主持开展了“门座式起重机中心集电器”技改项目。该项目投入的资金仅有区区 2 000 元，却解决了一直困扰全国港口门机运行的大问题，并获得国家实用新型专利。上海港机厂吸收了这项技术成果，改进后的设备不仅服务于中国港口，而且出口到国外。

把企业的事当成自己的事

孔祥瑞，给人以朴实的印象，一如他身上沾满油污与煤灰的蓝色工作服。而在工作中，他永远都像一团熊熊燃烧的火焰，是出了名的“拼命三郎”。孔祥瑞总说：“我只是一个普通的工人，但我知道我们工人应该有一种责任感，把企业的事当成自己的事，一点一滴地做，忠诚老实地做，最大限度地做。”

一个夏天的下午，阳光热辣，作业现场地面温度已达 40 摄氏度。在码头最西端，1 号门机突然停止了作业。随着亮光一闪，一声巨大的闷响接踵而至，只见门机拦腰处青烟直冒——门机滑环短路！

机房内还在冒着丝丝青烟，一股股浓烈的胶皮烧焦味道伴着咸涩的海风阵阵扑来，灼得脸又疼又胀。孔祥瑞带着 5 名技术人员，二话没说，一头就扎进了这个 50 多摄氏度的“烤箱”内，查线、纠偏、更换滑环……

机房内的空气越来越混浊。为防止出现人身事故，孔祥瑞下令：两人一换，分组出去换气！而他自己却例外，他说：“故障不排除，我决不出去！”

长时间的流汗让大家都感觉几近虚脱，可却没有一个人言退。他们搬来了一箱箱矿泉水，继续抢修、换气、补水……6个人整整喝了5箱矿泉水，却没人去厕所。"为什么?"事后孔祥瑞笑着说，"都流汗流出去了呗！那汗流的，工作服一攥一把水。"直到晚上11点，故障终于排除了，机器又开始轰鸣。当这些平日虎虎生风的汉子走下门机时，脚下都像踩着棉花。

虽然是和所有人一样的血肉之躯，但是冲锋陷阵时，孔祥瑞总是冲在最前面的那个，他从不低头，绝不服软。有人问他，明明又苦又累又危险，为什么不歇一歇、喘口气？孔祥瑞说："关键时刻，我要是泄气了，队友怎么办？大家都泄气了，企业怎么办？咬紧牙关，也要给队友们做出样子。大家一起拼，就能出成绩。"

2002年7月，孔祥瑞接到通知，要作为企业代表，与公司总经理一起去河南参加门机采购订货会。人们都不知道：接到通知的前一天，孔祥瑞刚去了医院。由于长期捂着又大又沉的工作服在码头上奔波，渐渐在腰部系皮带的地方沤出了个粉瘤。粉瘤越沤越长，直到影响了正常的行动。医生说要马上进行切除手术，并卧床静养。"门机的制动设备选择方案还没制定好，我怎么能歇呀！"孔祥瑞捂着腰悄悄溜回了家。连日奔波选购设备，终于，腰间的粉瘤感染，孔祥瑞不得不去做了手术。手术刚完，长1寸、深2厘米的刀口里还下着6块药棉，孔祥瑞便一声没吭地投入到门机制动设备安装调试中了。

夏天，在码头上工作了一天的人们都是满身大汗，痛痛快快冲个凉是工人们驱除疲劳的好办法。平时爱和大家说说笑笑的孔祥瑞那几天洗澡的时候总是最后一个走进浴室，打上一盆水，自己到更衣室去洗。大家都觉得有些奇怪：孔队怎么了？

有好奇的工人留了下来，才发现孔祥瑞身上的"秘密"。每天上班，孔祥瑞都用厚厚的纱布裹紧刀口，防止汗水进入；下班了，他独自一个人在队部解下外湿内干的纱布，慢慢走到浴室，打一盆水，沾湿毛巾擦身。

消息很快传开了。孔祥瑞的病情引起了公司领导的重视。总经理心疼地"命令"他回家休息，孔祥瑞不肯。最终，经过"谈判"达成"协议"：孔祥瑞每天仍旧上班，只是不能走出队部，更不能去现场！

一个多星期后，门机制动设备圆满安装完毕，试运行显示良好！获知好消息，总经理给孔祥瑞打去慰问电话。接听电话的却是队部值班员：“孔队在现场调试门机，这几天他和我们奔来跑去，真的累坏了……”。

这就是孔祥瑞，没有更多的豪言壮语，只有默默奉献。有人问孔祥瑞，在人心越来越浮躁的今天，依然如此淡定的动力是什么？孔祥瑞只说了三个字——责任感。这铿锵有力的三个字，是由多少泪水、汗水和真情凝结而成的啊！

撰稿：骆潇、游雪梅。文前照片由王广荣拍摄，文内照片由天津港（集团）有限公司提供。

主要参考文章

丁国元．“蓝领专家”孔祥瑞［N］．工人日报，2006-11-1（1）．

■“专家型技术工人”窦铁成

中国中铁股份有限公司中铁一局电务公司电力线路工，高级技师。全国劳动模范，全国五一劳动奖章、中华技能大奖获得者。以只争朝夕的精神和坚韧不拔的毅力，坚持走自学成才、岗位成才之路，专业技能精湛。掌握多种计算机应用技术，能够熟练使用计算机完成电力设计。解决技术难题 52 项，排除送电运行故障数百次。负责安装的 38 个铁路、公路变配电所全部获得优质工程奖，为企业创造经济效益上千万元。

爱者无怨，行者无疆
——记“专家型技术工人”窦铁成

2009年10月1日，全中国人民的欢庆时刻，北京，天安门广场，20万军民以盛大的阅兵仪式和群众游行庆祝共和国六十华诞。在此起彼伏的欢呼声中，一辆辆造型各异、象征各行各业建设成就的彩车在游行队伍中格外引人注目。“艰苦创业”号彩车缓缓驶来，站在彩车上的是来自全国各行各业的20位劳动模范。有一位来自铁路系统的工人，身穿藏蓝色工装，头戴红色安全帽，站在彩车的一侧，手持花束，忘情地舞动、欢呼，脸颊布满了激动的泪水……

他，就是中铁一局集团电务工程公司电力线路工、高级技师、全国知识型职工标兵、100位新中国成立以来感动中国人物之一的窦铁成。

没知识，没技能，就会被人瞧不起

1956年10月1日，共和国诞生7周年的日子里，窦铁成出生在杨虎城将军的故乡——陕西省蒲城县。父母都是知识分子，也希望儿子成为一个有学历、有文化的人，但在那个特殊的年代，自幼聪颖好学的窦铁成，不得不在初中毕业后，就插队到了农村。

虽然只有初中文化，但在那时的农村，窦铁成却是村民眼中的“文化人”，抽水机不上水了，电灯不亮了，村民们都来找窦铁成。窦铁成心里发慌：自己“半桶水”，怎么帮别人？没办法，只好照着书本，硬着头皮上。练多了，胆子也壮了。不多久，他还真成了村民佩服的“电力专家”。

1979年，中铁一局向社会招工。已经结婚生子的他，仗着农村那几年学到的知识，准备参加考试碰碰运气。没想到，他竟然考上了，成为中铁一局的一名电力工人。

凭着在农村那几年练就的爬杆架线的本领，初来乍到的窦铁成很有信心：都是和电打交道，这个工作能应付。但他很快就有了压力。当他看到铁路变配电所图样上密密麻麻的圈点、线条、框框、叉叉，看到纵横交错的接触网时，立刻感到自己的知识面太窄，需要学习的东西太多了！

“一个人可以没有文凭，但不能没有知识和技能。没知识，没技能，就会被人瞧不起。”面对窘境，窦铁成下定决心，一切从头开始学。

工作中，窦铁成把专业知识的学习放在了第一位。他干完分配给自己的工作，就凑到老师傅身边，递工具、打下手，问这个、学那个，每个细小的环节他都处处留心、细心琢磨。在同一拨青年工人中，窦铁成最好学，最讨老师傅喜欢。

1980年9月，窦铁成考进中铁一局电力技术培训班。他觉得这是难得的机会，就写信告诉妻子，请妻子承担一切家务，自己要专心学习。培训班与他家相隔只有几十公里，而7个月培训下来，除春节之外，即便是秋收农忙时节，窦铁成也没有回过一次家。星期天，其他学员或探亲访友，或聚会游玩，唯独窦铁成把自己关在教室里默默苦读。凭着这股子钻劲，结业时窦铁成的电力考试名列榜首。

施展才能的机会终于来了。1983年，窦铁成在京秦铁路沱子头变配电所施工时，因为没有技术员，工长对窦铁成说：“你去试试，考考你，看你这‘钻头’有多硬！”初担重任，可不能丢人，得拿出真功夫！窦铁成白天干活，晚上把自己关在备用调压器房里，对照专业书籍，一张张图样、一条条线路、一个个节点地分析解读，思考设备如何布置，电缆怎么走。工程期间，他把

窦铁成在工地上

一寸半厚的7套各类不同技术图样齐齐地画了一遍。最后，工程顺利完工，并获得了国家优质工程银质奖。

日常生活中，购买专业书籍成为窦铁成的重要开销。几十年来，他先后花费上万元，积攒了三大箱子书。到哪里工作，这些“宝贝”就搬到哪里。他甚至还为这些“宝贝”编了号。他说：“我只有初中文化，遇到深一点的理论知识，就感到很吃力。但我总想，再难的知识，只要一点点地啃，一点点地琢磨，总能悟出个所以然。”只要有一点空闲，窦铁成就像着了魔一样地看书，常常是一手拿着馍，一手拿着书，边吃边学。寒冬腊月，他好像不知道寒冷；盛夏酷暑，他好像不知道酷热。回家探亲途中，他在候车室看，在汽车上看，在火车上也看。回到家里，人家串门拉家常，他却把自己关在家里继续苦读。在徒弟们眼里，窦铁成“除了工作，永远手不释卷”。

“眼过千遍，不如手过一遍，我把学到的、看到的、听到的技术知识都一一记在笔记本上。”几十年来，窦铁成从没间断记录每次施工的技术难点和学习心得，单是学习笔记，他就写了60多本，有上百万字。

知识在更新，窦铁成的脑筋也跟着换代。1999年，变配电设备的测试开始采用计算机分析，已经40多岁的窦铁成买来计算机教材，从最基本的原理学起，慢慢地学会了表格制作、工程制图等，成为中铁一局员工中掌握计算机设计绘制电力图样的第一人。

学习，让窦铁成始终站在技术最前沿。从电磁保护到晶体管保护，再到数字综合保护，我国电力变配电所经历的几次升级换代，窦铁成都未曾有丝毫落伍，始终是企业运用新技术的引领者。

吃了这行饭，就一定要把这行干好

“做事情一定要做好做到家，吃了这行饭，就一定要把这行干好！”无数施工技术难关的攻克，证明着窦铁成的实力。

2001 年，京珠高速粤境北段大桥变配电所施工，设备配置起点高、技术新，60% 为国外进口，施工难度很大，窦铁成被工程指挥部“点将”增援。虽说变配电所见识了不少，但一下子接触这么多精密的外国设备，窦铁成还是看花了眼。“这可是长本事的好机会，一定要打个漂亮仗！”

深冬季节，寒气逼人。窦铁成带着工友们住进了没门没窗的变配电所，白天紧锣密鼓地施工，晚上研究设备的性能和原理。

安装任务很快完成了，可就在进行交工送电前的空载试验时，意想不到的故障出现了：一台升压变压器的空气开关不断跳闸。工友们进行了数次调试，始终找不出原因。委托方来人了，一口咬定：设备是国际上最先进的，一定是安装出了问题。干了这么多工程，施工质量还从未出过问题，窦铁成心里很不是滋味，也不信是施工造成了故障。

当晚，窦铁成拿着工具爬上爬下，翻图样、测数据、重新调试……飕飕冷风中，工友们心急如焚，窦铁成冷静如铁。几个小时后，原因终于找到了，是空气开关的定值调整问题！

第二天，委托方请来的法国专家听了窦铁成发现的故障原因后，直摇头：“不可能，我们的产品很精密，不可能有问题！”

窦铁成不急不躁，详细解释故障原因：原来是设定电流值时，没有考虑变压器的励磁涌流，导致设定值有误。法国专家仍然将信将疑，亲自检查测试、反复核对，最后竖起大拇指连声说：“中国工人了不起！”

外人看来，变配电所施工就是按照图样安装，没有太多技术含量。窦铁成屡次用事实击破这种误解。

在西康铁路秦岭变配电所施工时，数百米规格不同的铝板材要加工成长短不等、角度各异的连接导线。按照传统做法，既费时，外形还不美观。窦铁成大胆设想，利用现场的废料，设计制作了一套煨弯器，一下子提高工效近 5 倍。

2006 年 7 月，窦铁成参加浙赣铁路板杉铺牵引变配电所施工。这个变配电所是浙赣铁路规模最大、技术含量最高的变配电所。施工过程中，变配电所的变压器引入导线设计要求为铜板双导线，但国内没有这种产品，交工日期已经逼近。窦铁成细心观察、反复推敲，5 天后，提出了“简化结构，保证功能”的产品加工方案：利用现场既有的铜排、铜螺栓等材料，加工制作出符合技术要求的全铜间隔棒，替代铜板结构。后来，该技术在 900 多公里的浙赣线电气化改造工程中迅速推广，节约了大半成本。

2009 年 7 月，鏖战深圳地铁 3 号线期间，窦铁成发现，在铁路电缆接续施工中广泛采用的喷灯作业，用在地铁施工上，不仅操作困难，而且存在安全隐患。为了这件事，他茶不思、饭不想，翻阅书籍，整日钻研，终于突发灵感：用电吹风试试呢？不久，2 000 瓦的工业电吹风亮相工地，成功替代使用了几十年的喷灯，小小的革新成为电缆接续的全新利器，并推广到其他行业的电缆施工中。

几十年来，窦铁成参加过无数铁路建设，先后提出实施设计变更 6 次，解决技术难题 52 项，排除送电运行故障数百次。

不是差不多，是一点都不能差

世界上怕就怕“认真”二字，而窦铁成就最讲认真。他工作起来对自己严，对同事也严，有时甚至严得不近人情。他有一句口头禅：“看标准规范怎么说，拿规范说话！”而标准和规范时时刻刻在他的脑子里，工程一完结，他就会自觉按标准对照检查，他说不行，谁说行都不管用。

有一次，窦铁成到西康青岔变配电所例行春检，在地沟里发现了施工时留下的一条草绳。按规定，地沟里不允许遗留杂物。当时，年轻的所长——也是窦铁成的徒弟——意识到问题的严重性，马上承认错误，希望网开一面。可窦铁成说：“你是我徒弟，执行制度要从你开始。我只能得罪你了！”结果，徒弟被罚款。从此，徒弟们都养成了习惯，干任何活都自觉按标准执行。

在实施板杉铺牵引变配电所变压器安装时，窦铁成和工友们干了 4 个多小时，两台 50 吨重的变压器终于就位。眼看要收工了，窦铁成发现机身离标准还差 1 厘米。项目负责人说：“差不多了！”窦铁成却说：“不是差不多，是一点都不能差。”他领着大家又干了两个多小时，直到机身完全到位才收工。

一位大学生毕业后来到窦铁成班组工作，被安排为开关柜二次配线。他费心尽力地弄完后，自我感觉良好。没想到，窦铁成看后说不好看，硬逼着他把好不容易接好的线全部拆掉。这位大学生很委屈地说：“把线接进去，能正常运转不就行了吗？”窦铁成不依：“不但要接上，还要接漂亮。外观美不美，反映的是施工品质和人的素质！”

“一条草绳”“1 厘米”“外观美不美”，有人说不影响大局，何必认真？然而，一个二极管装反就可能导致火车掉道，变配电所停电就会影响正常的运输生产。窦铁成深知“小恶不除，必酿大患”，他说：“不按标准施工就是给自己挖陷阱，不执行标准就是犯罪！”

正是在这种严格的要求和训练下，窦铁成所带班组养成了一种严谨的作风。几十年来，他所负责安装的数十个变配电所，全部一次性通过验收，一次性送电成功，全部获得优质工程奖。各委托方赞叹之余常说：“我们想到的，你们做到了；我们没有想到的，你们也做到了！”

没有完美的个人，只有完美的团队

“一个人能力再高也终归有限，集体的力量才是无穷的。”窦铁成总是尽可能多地把技术传授给工友，并且用自己的人格魅力，凝聚起团队的力量，感染、带动着大家共同进步。

窦铁成乐于帮助和引导年轻人。“师傅从来都不隐瞒技术。他把自己刻苦自学的东西，毫无保留地传授给我们。”窦铁成授徒，不分学历，不分男女，不分时间，不分地点，知无不言，言无不尽。在电务公司，窦铁成的手机号码成了公开的办公电话。许多人遇到难以处理的技术难题，就拨打窦铁

窦铁成在指导徒弟

成的手机求教。他的手机号码，是徒弟们公认的技术“120”。他还根据自己多年的实践经验，编写了技术理论学习辅导材料，经常给工友们讲课。

按常情，窦铁成是部门负责人，年龄也比较大，下属又大多是自己的徒弟，只要在后面指挥就可以了。但他从不吆五喝六，而是靠自己的行动感召每一个人，再苦再累的活总是走在最前面，经常被旁人误认为是聘用的临时工：“你们这民工是从哪里找来的啊，还真有本事！”

“我不仅要做一颗螺丝钉，更要做一把扭力扳手，把我身边的所有螺丝钉上紧，上安全！”2009 年 1 月，以窦铁成名字命名的“窦铁成班组”成立。如果说他以前主要忙于带徒弟，班组成立后则将带徒弟与创建班组结合起来，以提高团队的整体战斗力。

窦铁成班组成立后，每天的班前会和每周 4 次班会，成为大家拉近距离、交流经验、学习技术的平台，每次会议的气氛都相当热烈。正因为有了这样一个团队、这样一个平台，不长时间，原来占班组 60% 的生手都变成了熟手，班组的战斗力大幅度提高。2009 年，在深圳地铁的施工中，窦铁成班组半年走了 7 个变配电所，相当于过去两三年才能完成的工程量。2010 年 3 月，窦铁成班组从深圳移师首都，为北京地铁昌平线供电工程施工。班组成员以高度的责任感、扎实高效的作风，在短短半年时间内，共完成 8 个变配电所施工，每次都成功送电，赢得了建设单位、监理单位的一致认同。

2009 年 12 月，窦铁成班组荣获陕西省总工会“创建学习型组织、争做知识型职工”活动“标兵班组”称号。2010 年 9 月，窦铁成班组荣获“中央企业红旗班组标杆”称号。

我欠老婆、欠女儿的太多了

铁路施工人员被称为“现代吉卜赛人”，长年漂泊，四海为家。窦铁成和妻子结婚30多年了，但相守的日子加起来也不过3年。孩子出生时他不在，老人过世时他不在，家里盖房时他也不在。单位曾3次安排劳模带家属去旅游疗养，但他都因为工作忙而放弃了。他总是宽慰妻子说，退休了天天陪着她，带她去外面好好转转。

女儿两岁那年，窦铁成好不容易休了一次探亲假。回家后，女儿一眼看到他，叫了声“叔叔好”就跑得老远。当时，窦铁成的心都要碎了，眼泪在眼眶里直打转。

提起家人，窦铁成满是愧疚：“我欠老婆、欠女儿的太多了！”正因为这样，细心的他总是默默地用自己的方式爱着妻子和女儿，长久以来，这个聚少离多的家庭建立了他们独特的情感交流方式。

每到年关，不管窦铁成回不回家，他的奖状都会邮回家里，他让奖状上火红的灯笼和飘扬的旗帜诉说一年的经历，诉说对家人的思念。做妻子的，能理解丈夫的辛苦，也能读懂他的追求，总是把他的奖状张贴在最显眼的位置。女儿的奖状围绕着父亲的奖状，墙上便散发出喜气洋洋和其乐融融的年味儿来。

窦铁成是个摄影迷，每到一个施工点，他总要把自己见过的美丽风景拍下来，无论是一抹朝霞，还是一条小河，一张张相片寄回家里，带着信封上不断变动的地址，天南地北的山水风物也就展现在妻子和女儿的面前。

窦铁成荣获的所有荣誉都被妻子认真地整理起来。奖状、证书、奖牌、奖章，一个箱子都装不下，对于这个家来说，那是最大的一笔财富。看着这些荣誉，窦铁成对妻子说：“军功章上有我的一半，也有你的一半。”窦铁成的女儿说：“在父亲那微驼、瘦削的身上，在母亲那自豪、微笑的脸上，我深深理解了一种大爱，理解了一种境界，那就是爱者无怨，行者无疆！”

撰稿：张陕峰、梁国君、何语华。文前照片由张陕峰拍摄，文内照片由中铁一局集团公司提供。

主要参考文章

1 石国胜．“工人教授”窦铁成［N］．人民日报，2008-4-25（1）．

2 毛浓曦，李元程．我们的铁成，我们的班［N］．工人日报，2010-5-19（1）．

3 毛东红．就为一个大写的“人”字——记中国中铁一局电务公司高级技师窦铁成（下）［N］．中国纪检监察报，2008-4-29.

“机电大王”杨杰

安徽淮北矿业集团公司维修电工，高级技师。全国劳动模范，全国五一劳动奖章、中华技能大奖获得者。坚持走岗位成才之路，勤于思考，具有快速排查电气故障的绝活，被称为“故障快速探测仪”。首创“提升系统电气故障查排多维思维法”和“数字化需求动态检修法”，填补了全国煤炭行业空白。拥有技术革新成果200多项，有的已达到世界先进水平，创造经济效益9 000多万元。

诠释生命的价值
——记“机电大王”杨杰

什么是生命的价值？由于每个人的人生经历不同，不同的人对此问题会有不同的理解。杨杰在工作岗位上交出了这样一份答卷：

——他自学完成了高中所有课程，攻读80多本专业书籍，做笔记100多万字，文化水平由初中达到本科，由一名普通工人成长为一名高级技师，成为远近闻名的“机电大王”。

——他进行大小革新200多项，有的已达到世界先进水平，有的填补了国内煤炭行业空白，经他排除的故障更是不计其数，创造的经济效益高达9 000多万元。

——他带过的徒弟多数已成为本单位的技术骨干。经他培训过的职工，数十人在省、市、集团公司技术比武中取得过前三名的好成绩。

……

知识是生命价值最好的养分

1984年，17岁的杨杰进煤矿当了一名副井绞车司机。开绞车在煤矿上是既干净又舒服的工作，但杨杰认识到这个看似轻松的岗位责任重大，为此，他决心好好学习，干出点名堂来。他给自己提出的奋斗目标是：不仅要熟练掌握操作技术，还必须熟知设备的结构、工作原理和技术性能。然而，当只有初中文化的他面对“天书”般的设备结构图、工作原理图时显得那样手足无措，以前学的那点知识太贫乏了。他意识到只有学习知识才能改变自己的命运。为了有效学习，他制订了详细的自学计划。

当时杨杰住在集体宿舍的顶楼，夏天闷热难耐，蚊虫叮咬，他就躲在蚊帐里看书；冬天寒气逼人，没有取暖设备，时常被冻得手脚不听使唤，他就用被子裹住腿坐着看书。十七八岁的小伙子正是贪玩的年龄，伙伴们总来找他玩，为了谢绝“打扰”，他将“闲谈莫过三分钟”的条幅贴在了自己的床头上，为此引来了不少讥笑。朋友们不理解——一个初中生，再玩命学又能学出个什么名堂？简直就是自找苦吃，脑子不正常。可是，杨杰硬是耐住了学习的寂寞，不为外界的喧闹、诱惑和讥笑所动摇。每天下班后，别人打扑克、看电视，他却一头扎进书堆里。凭着坚强的毅力和不懈的追求，自学完成了高中的所有课程和20多本矿井提升方面的专业技术书籍，记下了数百个电子元件符号和电路图，同时还写下了60多万字的读书笔记，为自己以后的工作和学习打下了坚实的基础。上班时，杨杰认真观察、虚心学习，主动向师傅、工程技术人员请教，把他们的一招一式全部熟记于心；检修时，杨杰忙前忙后地跟着看、帮着干，不计时间、不计报酬，同事们都称他为“编外检修工”。

一年冬天，杨杰遇到了一个难题——提升机电控原理图的闭环控制部分看不懂。他百思不得其解，周围的师傅也爱莫能助。一向“打破砂锅问到底”的杨杰，下班后一口气找了十多本资料书。他顾不上休息，也顾不上吃饭，拿起书一看就是五六个小时。天寒地冻，两脚冰凉的他，想边烫脚边研究，可当他一只脚踏进盆里，另一只脚还在盆外的时候，却被《自动控制原理》中的闭环控制部分所吸引，满脑子都是公式、参数、运算符号，都是电控原理图。看了这本书，又看那本书，正当杨杰沉浸在解开疑团的喜悦中时，一阵急促的闹钟声打断了他的思路，这时他才发现天快亮了。那天早晨，杨杰用了不到半个小时的时间，把整个电控原理图默画了出来。

杨杰还参加了四年的函授学习。通过函授学习，杨杰开阔了视野，丰富了知识，提升了业务水平。在这四年里，他如饥似渴地学习专业基础知识，刻苦钻研技术。同时，他努力把书本上的知识运用到实际工作中。他利用每学期一次的面授机会，把自己在工作中遇到的难题和一些想法向教授们请教，使自己的业务功底越来越扎实。

一分耕耘，一分收获，杨杰的努力和汗水终于得到了回报。参加工作刚两年，他就在全局第一届职工技术比武中夺得本工种第一名，1990 年蝉联冠军。当年，杨杰又参加了全国第一届青年职工技术大比武，取得第六名的好成绩，并被中煤总公司、共青团中央授予“全国煤炭系统青年技术能手”称号。

高超的技能彰显生命的价值

杨杰认识到，学习知识不是最终目的，只有将知识转化为实实在在的技能，并在本职岗位上建功立业才能体现知识的作用，实现人生的价值。

1992 年 2 月的一天，朔里煤矿主井电控系统发生故障，被迫停机。主井每停 1 小时，就意味着损失 15.6 万元。在场的技术人员排查了一个多小时，也没能找出原因，领导很着急，于是把已经下班回家的杨杰找了过来。杨杰到现场了解情况后，得知故障现象是一到减速点安全阀就掉。通过仔细观察，他排除了常见的逻辑控制问题，并果断认为减速打铃是造成故障的“元凶”。

杨杰在检修矿区电气设备

杨杰判断得虽快，可在场所有工程技术人员都不敢相信，因为打铃电路与主井安全回路没有任何电气联系。面对质疑，杨杰胸有成竹地做了解释：电气方面没有问题，但是打铃造成的振动却可以影响安全回路开关。检测证实了杨杰的判断，于是不到 10

分钟故障就被排除了。

在实际工作中，杨杰每次排除故障后，都及时总结经验，对设备名称，故障发生的日期、现象、部位、原因，损坏的电器元件，修复措施及修复后运行情况等做好记录，及时对故障进行统计分析，找出故障规律，总结出一套快速排查的方法。同事们都赞誉他为“故障快速探测仪”。

2006 年 12 月的一天晚上，副井提升机运行到离上井口还有 96.3 米的位置时突然掉闸，提升机不能运行，致使上下井的罐笼内 39 名矿工被突然困在井筒中。没有办法与他们联系，大家束手无策，急得团团转。

半个小时后，技术人员终于找到故障点：可调闸模块没有输入信号。当时，解决问题的可行办法只有改编提升机程序。这个办法虽好，但提升机程序是煤矿所有电控中最复杂的，也是所有提升机电控设备厂家的技术核心。在场人员不要说改写程序，就连能看懂程序的都是凤毛麟角。在这关键时刻，领导联系上了正在市里开会的杨杰。他又一次临危受命，而且这次压力更大：一方面是数十名矿工的生命安全，另一方面是程序的复杂性和提升机电控设备厂家不允许擅自改动程序的声明。但是，长期的经验积累给了杨杰足够的信心。他火速赶到矿里，凭着对提升机电控梯形图的深刻理解，几分钟就把程序改好，提升机又能正常运行了，被困的 39 名矿工终于安全地走出了罐笼，生产很快恢复正常，现场爆发出雷鸣般的掌声。

2007 年 8 月，全矿停产检修，对井下中央变配电所 20 台高压开关柜进行技术改造。改造时间只有 20 个小时——停产检修，井下虽然不生产，但涌水量并不会因为不生产而减少，改造时间也是根据井下涌水量确定的，也就是说 20 个小时后必须恢复正常供电，否则涌水必然会把矿井淹掉。然而，在技术改造最后的试运行阶段问题出来了：井下中央变配电所总进线高压开关柜送不上电。厂家技术人员急忙按照设备接线图及原理图全面细致地检查了几遍，均没有查出任何问题。随着井下水仓水位的上升，所有检修人员的心都悬了起来，地面领导也异常着急，因为再不解决问题就必须向集团公司汇报，并启动重特大事故应急预案，造成的损失会很大。同在现场的杨杰此时

杨杰在排查电气故障

也十分犯难，他知道厂家派来的技术人员是最好的，而且他们对自己的产品也了如指掌，他们排查了很长时间都没有查出故障点，而自己根本就没有看过设备接线图及原理图，但他还是勇敢地站了出来。他仔细回想厂家处理故障的过程，凭直觉，这又是一个靠图样不能排除的疑难杂症。想到这里，他对照图样，询问了厂家技术人员查过的所有控制线路及电器元件，判断肯定有控制点没有在图样上标出。厂家技术人员按照杨杰的判断，又仔细地检查了一遍，果然发现了一个预留控制端口在图样上没有标明。

就在故障被排除的那一刻，观察水位的工作人员大喊："水快要淹没泵房了！"同时，井下主排水泵开动的嗡嗡声也传到众人耳中。水位终于停止上涨，并在片刻之后开始回落。平日震耳的水泵声，现在听起来如同天籁之音。当杨杰上井后，西坠的夕阳照得他身上红彤彤的，此时他的心也是红彤彤、暖融融的。

不断创新，提升生命的价值

随着自身技能的提高，杨杰的眼界日益开阔，面对知识经济时代的到来，他感到企业将面临更加激烈的市场竞争。作为一名高级技师，只有不断创新，才能帮助企业在竞争中占得先机，立于不败之地。

朔里煤矿是一个原设计产量为 60 万吨的矿井，1994 年矿里提出了生产原煤 185 万吨的奋斗目标。主井提煤系统虽经多次技术改造，仍难满足生产需要，而一旦出现故障，必定影响全年原煤产量的完成。怎样减少主井提煤系统故障的发生，又怎样快速排查已出现的故障？杨杰在深入分析以往故障原因的基础上，查阅了大量专业资料。经过近 3 个月的攻关，结合朔里煤矿的实际情况，他归纳出了“矿井提升系统常见故障排除100例”，创立了“提升系统电气故障查排多维思维法”等故障快速处理法。“多维思维法”的推广应用，把故障排查时间缩短了30%左右，每年可多提煤一万多吨，当年就创造了该矿提煤195万吨的历史最高纪录，刷新了提煤能力的全国纪录，填补了全国煤炭系统这一操作方法的空白，并在全国煤炭系统推广应用。

此后，杨杰又创立了提升设备“数字化需求动态检修法”，使主井提煤系统故障率几乎为零，填补了煤炭行业提升设备相关检修方法的空白。经专家鉴定，该检修法达到了世界先进水平。该检修法仅在集团公司推广应用后，就创效高达2 000多万元，也为朔里煤矿连续12年保持“部级高产高效矿井”称号打下了坚实的基础。

杨杰还参与了地面中央变配电所综合自动化改造、井下中央变配电所高压开关柜技术改造、西三风井启动柜保护微机化改造及主副井进线电源柜保护微机化改造等28个革新改造项目，其中“矢量控制能量回馈四象限运行高压变频器在淮北矿区的首次研究与应用”被评为安徽省重大合理化建议项目。

甘当“人梯”，让生命的价值翻倍

作为身怀绝技的技术核心人员，杨杰深知先进技术只有被更多的职工掌握，才能使企业的整体技术水平得以提高。他甘当“人梯”，从不“垄断”自己的一手绝活，毫无保留地把经验、心得传授给工友们。

杨杰利用业余时间义务编写讲义，义务讲课。他创立的“杨杰职工培训法”，实现了安徽省职工培训方法的新突破。杨杰每次上课，都十分认真地准备教案，把工作实践中的案例搬上课堂，理论与实践相结合，让人感到每次听他的课都有意外收获。他说：“井下工人很辛苦，他们利用业余时间来参加培训，学习时间非常宝贵，咱不能浪费人家的时间。”杨杰培训工人、带徒弟有一套自己的方法，他要和徒弟签订一个合同，有学习目标、有教学计划、有考核，师徒均有各自明确的责任和义务。他带出来的徒弟，不仅从他那里学到了知识技能，更学到了严谨的作风和一丝不苟的工作态度。

杨杰还制订了一个提高职工技术的计划，设计了“6+1”培训活动：从周一到周六，各个岗位给定适量的学习内容，像函授教育一样，主要靠自学，技术人员给予辅导，周日进行一次考试，检验学习效果。这种“杨氏培训法”还被杨杰运用到职业技术学院的授课中。杨杰的一番苦心“经营”颇具效果，他的这种“杨氏培训法”培养出了一大批业务技术骨干：有的已成为淮北市技术能手、全国技术能手，有的已成为技术比武的前三名，有的已成为队长、副队长。据统计，经杨杰培训的班组职工，有数十人在省、市、集团公司的各种比赛中名列前茅。

为了更好地发挥传帮带作用，2009 年 10 月，杨杰在淮北矿业集团公司网上开设了“杨杰 e 族”。“杨杰 e 族”以他的机电专长为基础，以群体成员的智慧为依托，对矿山机电安全、技术创新等工作进行专题研究，设置了科技创新成果、合理化建议、未解决疑难、网上课堂、实用支招、专业论文、工作动向等 12 个板块。这是杨杰“绝活复制”的理念。他把自己在工作中处理故障和技术改造的经验、心得总结成文字材料，制作成形象直观的程序图，放在“杨杰 e 族”上。职工按程序或操作说明进行操作，就能基本掌握杨杰的“绝活”，即可实现“绝活”复制。

追求生命价值永无止境

每个人都有自己的生活方式，也都有着不同的休闲方式。有的喜欢钓鱼，有的喜欢打牌，有的喜欢运动，而杨杰喜欢读书，喜欢发现工作中出现的各种难题。因为在学习知识和攻克难关的过程中，杨杰获得了自信，获得了成功的快乐和喜悦。

杨杰当初写下那个“闲谈莫过三分钟”的条幅，既是为了礼貌地谢绝朋友，也是为了约束自己。由于杨杰在工作上投入了更多的时间，使得他的工作表现越来越突出。

杨杰每天起早贪黑，来去匆匆，平时没有时间跟邻居聊天。有一天，杨杰下班回家，一位在矿里经常见面，一起住了几年的邻居竟然问他：“这几天你怎么天天到这栋楼来，找谁啊?”

杨杰被问得愣了半天，随后笑着说：“我就住在这里，咱是邻居啊!”

邻居惊讶地上下打量杨杰，根本不敢相信他们竟然是同住一楼的邻居，接着说道：“那怎么从没见你下楼遛弯儿?”

事实上，杨杰的业余时间基本都在读书。时间长了，大家都认为他有点怪，说话间便对他的生活方式流露出同情来。杨杰却非常坦然，他并不认为缺少通常意义上的娱乐很“亏”，只觉得读书同样充满了乐趣，他说：“看一本好书，对长时间困扰的问题恍然大悟的那一刻，比买彩票中奖还兴奋呢。”

2010 年，淮北矿业集团公司为了培养矿区现代工业 PLC 控制技术高技能人才，创办了以杨杰名字命名的“杨杰讲堂”，填补了国内煤炭系统 PLC 等现代工控设备实训空白。杨杰又义不容辞地担负起培训集团公司现代工业 PLC 控制技术高技能人才的责任。

杨杰在这个崭新的讲堂上，创造性地提出了“培训生态”的理念，创新了理论实操一体化的实训教学法。杨杰通过培训，使现场人员能使用 PLC 系统，能编、能试、能修、能改程序，能快速判断解决故障、有效降低故障率，从而改变了培训后的人员不能处理实际工作问题的状况，使他们“学之能用，用之能成”。“杨杰讲堂”是全国首个以工人名字命名的培养现代工业自动化控制技术技能人才的高科技讲堂。杨杰的知识和经验在百里矿区得到了更为广泛的传播，为企业安全生产起到了“保驾护航”的作用。

撰稿：郭传火。文前照片由陈帮干拍摄，文内照片由谢正义拍摄。

■“车工多面手”张全民

平高集团有限公司加工中心操作工，高级技师。第十一届全国人大代表，全国劳动模范，全国五一劳动奖章、中华技能大奖获得者。刻苦钻研车工技术，熟练驾驭多种国内外先进的数控车床，具备高超技能。大胆进行技术革新，开发数控加工工艺、刃具、程序以及数车专用滚压工具，大幅提高加工效率。通过技术攻关，为公司创造经济效益数百万元。

巧手驭机床
——记“车工多面手”张全民

2003年10月20日，首届全国职工职业技能大赛决赛在长春举行。此次大赛吸引了全国30个省（区、市）的上百万名选手参加，经过激烈的初赛、复赛角逐，最后有452人进入决赛。来自河南省平顶山天鹰集团有限责任公司（今平高集团有限公司）的车工技师张全民以精湛的技术和渊博的知识，从全国参加决赛的120余名顶级车工中脱颖而出，一举夺得车工类比赛第二名，被授予“全国技术能手”称号。这一年，他32岁。

自1990年参加工作以来，多年的车工生涯，张全民练就了一手“全能”的车工本领，能操作各种数控生产设备，成为名副其实的“车工多面手”，练出了很多绝活。他编写的车削加工培训教材使众多员工受益，他革新改造的工艺和工具产生了极大的经济效益。在车工平凡的岗位上，他不断提升着自己，不断书写着属于自己的精彩人生：从技校毕业生到车工技师，再到高级技师；获得河南省十大杰出青年工匠、中华技能大奖、全国五一劳动奖章、全国技术能手、全国劳

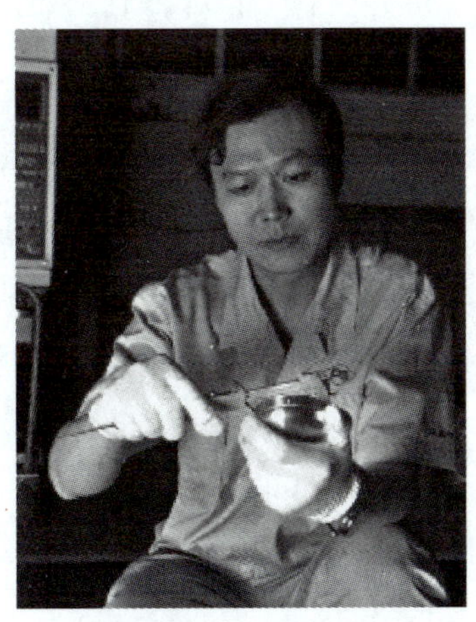

张全民在测量工件

动模范等称号；成为享受国务院政府特殊津贴的专家和全国人大代表……

歪打正着选车工

1971年9月，张全民出生在一个普通的工人家庭，父亲是名司机，母亲没工作，下面还有两个弟弟、一个妹妹。1986年，父亲调到河南省平顶山市工作，全家因此随迁到平顶山。当时，全家唯一的经济来源是父亲的工资，生活非常拮据。1987年7月，张全民初中毕业，同时收到了本市最好的高中和一所技工学校的入学通知书。为了减轻家庭负担，他毅然放弃了读高中圆大学梦的机会，选择了每月有16元助学金、优秀学生每学期有100元奖学金的原平顶山高压开关厂技工学校。

选择专业时，张全民毫不犹豫地选择了车工专业，因为车工有个“车”字，他就天真地以为学了“车工”将来也能像父亲一样开车。

亲戚们得知后，都提醒他考虑清楚，别选错了专业：“紧车工、慢钳工，溜溜达达是电工；铆锻焊，凑合干，让翻砂，就回家。车工平常是满脸灰尘一身油，稍不留心割破手；夏天热得捂臭汗，冬天冻得直打战。你这英俊小伙儿，干这行可惜了。”

张全民却说，我是穷人家的孩子，能挣钱，能贴补家里就不错了。再说，三百六十行，行行出状元，能学好一门手艺，干好工作，我就满足了。苦点儿、累点儿、脏点儿，我不怕。

到了技校后，通过老师的讲解和介绍，张全民总算弄清楚了什么是车工：车工就是利用车床进行各种零部件切削加工的操作者。机械加工中60%以上的生产任务要靠车工完成，所以车工是个举足轻重、不可或缺的工种，特别是在现代数控车床和加工中心上能加工各种特殊型面结构的机械零件，更可谓是一个万能的工种、神奇的工种。于是，他很快喜欢上了这个与“开车”风马牛不相及的专业。

张全民实习阶段的师傅以要求严格出名，跟着他，任何事都得按规矩来，物件摆放得有条不紊，活干得一丝不苟。师傅对他说，没有规矩，不成方圆，不严格难以出高徒。在师傅的精心调教下，张全民很快成了这批实习生中的佼佼者。师傅对他的评价是：小张干活不偷懒，他会自觉地把加工中有毛病的零件挑出来单独摆放，并特别提醒质检人员，这些零件的问题有时连质检人员都难以发现。

1990 年 7 月，张全民以全校第一名的优异成绩从车工专业毕业，被分配到当时的平顶山高压开关厂二厂工作。

张全民在车工岗位上成长很快，上班不到两个月，就能独立上岗操作，而同岗位的其他毕业生，大多需要更长的时间。有一次，在加工一种名为“PD0995 插头”的工件时，张全民发现普通车床的刀架上只能装 4 把刀，效率偏低。于是他挖空心思想办法，对机床刀架进行改进，使其可以同时装 6 把刀，加工效率一下子提高了，优质品率也提高了 50%，该方法迅速在厂里得到推广。

由于表现优异，上班当年，张全民就当选为全厂“十佳青年突击队员”。13 年后，他成为“全国技术能手”，名列河南省首届“十大杰出青年工匠”之首。

从普通车工到数控高手

由于技术好、肯动脑，1993 年，张全民调入公司技术水平要求最高的数控车间，当上了一名数控机床操作工兼编程员。

数控机床当时还是个“稀罕物”，全班只有 5 台。特别是数控编程系统全是英语，这让张全民一筹莫展。为了战胜“拦路虎”，他借来了《英汉词典》《大学英语》等书，狂补英语。实在弄不明白时，张全民就四处拜师求教。功夫不负有心人，他以坚忍不拔的意志、锲而不舍的努力，终于掌握了一定的基础英语和专业英语知识。

某型号动触头，是公司产品断路器上的关键部件。该件为紫铜材料，形状复杂，尺寸公差和形位公差严，外圆表面粗糙度要求极小，而且表面又有硬度要求，以当时设备的加工能力很难保证加工质量。为此，张全民根据以往积累的经验和数控车床的特点，参阅有关资料，设计了数控车床专用的滚压工件外圆工具，并经反复试验滚压速度和进给量，摸索出一整套在数控车床上进行滚压加工的方法。这是国内首次在数控车床上使用滚压加工方法。该方法既解决了工件表面粗糙度高的问题，又满足了表面硬度要求，还大大提高了加工效率。这项技术创新，使该件的加工效率提高了300%，合格率达到了99.9%，当年就为公司创造经济效益近60万元。

二级阀是公司产品——液压机构上的核心部件。张全民凭着精湛的车工技术，对该件的数车加工做了大量改进，完成了二级阀机加刀具的选择、设计和改制以及加工程序的编制，使二级阀的生产效率提高近4倍，合格率达到99.9%以上。

2000年，平高电气与日本东芝公司合资成立了河南平高东芝高压开关有限责任公司。2003年，张全民接手操作美国哈挺公司生产的QUEST8/51车削中心，加工平高东芝公司的零件。起初，日方代表不相信我方人员的技术，觉得中国工人生产不出符合他们标准的产品。要强的张全民想：只要外国人能干，咱中国人也能干。为此，张全民完成了大量进口零件的国产化，包括加工程序的编制以及刀具、工装、量具的设计、改进、改造等工作，又在开发数控程序上进行了有益的探索。加工各类复杂的沟槽历来是数控编程的难点，人力编程繁琐且容易出错。张全民利用数控系统中的宏指令，将各种形状复杂的槽型编在一个宏指令的子程序里，使用时只需要在主程序中输入必要的工艺参数，后面的复杂运算就可以通过程序使数控系统自动实现。这样就大大提高了复杂零件的加工效率和加工精度。

张全民在研究零件加工工艺

解决了技术问题之后，张全民便忘我地投入到生产中。一次，为平高东芝公司加工一种零件，他从早上9点一直干到第二天早上8点，几乎24小时连轴转，吃饭就在车床边，上厕所也是一溜小跑。功夫不负有心人，零件终于加工出来了，经过严格的检测，完全符合工艺标准。日本专家看到这样的结果，大吃一惊。他们没有想到这位中国工人在这么短的时间内，第一次就能加工出如此高质量的零件。从此以后，日本专家对张全民刮目相看。

在加工过程中，张全民还利用宏指令解决了某些数控车床中没有钻深孔程序以及车削中心多孔加工等一系列技术难题。现在这些程序已在数控车床中得到广泛应用，有效提高了加工效率，提高了产品质量，减少了编程时间，拓宽了数控机床的加工领域。在张全民的带领下，公司加工的“东芝件”由最初60%的合格率，提高到97%左右。

张全民为大幅度地提高机床加工效率和企业经济效益，积极参与公司设备的改进和新产品的研发。2000年以来，张全民通过攻克技术难关和开展工艺革新，就为平高集团创造经济效益380余万元，获得国家专利3项。

知识铺就成才路

张全民深知在科技高速发展的今天，企业的发展壮大会面对更加激烈的市场竞争，只有不断创新，提高设备和产品的技术含量，才能增强竞争实力，掌握发展的主动权。这对产业工人提出了更新更高的要求。要顺应潮流，就要具备新视野，掌握新知识、新技能，就要有创造精神和创新能力。

2002年，张全民在《机械工人》杂志上看到一篇论文，介绍如何利用刀具在切削中产生的振动来减小切削阻力。他很快就将这篇论文介绍的知识与操作方法用于实践，并取得了良好的效果。但是，他搞不懂到底为什么“振动能够减小切削阻力”。连续有一个多星期的时间，这个问题总是在张全民脑子里打转。一天，他走在下班的路上，看到修路工人用冲击气锤清理破损的柏油路面，随即恍然大悟：对呀！每次振动都是锤头与地面短暂的结合与分离，正是这种合与分，才使冲击气锤有足够的力量来完成破坏。利用刀具振动来减小切削阻力岂不是与气锤砸路有异曲同工之妙吗？抓住这个想法之后，他又查阅了很多技术资料，终于理解了相关原理。就是这种执着的钻研精神，使张全民在日积月累中掌握了大量知识。

为争当业务标兵，张全民在苦练岗位基本功的同时，刻苦钻研《车工》《车削刀具》等专业书籍。丰富的专业知识，使张全民如虎添翼。

张全民的徒弟说："师傅不爱串门，不喜欢喝酒闲聊，就是爱啃书本，好琢磨问题。"二厂是本企业零部件机加工中心，其加工能力和技术装备水平位居同行业前列。铣床、刨床、镗床，乃至整个二厂的设备，张全民都想驾驭；刨工、钳工、焊工、磨工、电工，乃至整个二厂的工种，张全民都感兴趣。他说，作为一个想在本专业领域、本职业范围有所建树的人，不能故步自封于"小圈子"内，必须"立足岗位、胸怀行业、放眼世界"。除了本专业理论，与车工有关联的理论知识，他都尽自己所能去掌握。张全民在干好车工这一工作的同时，挤出时间，认真研读了《电工学》《数字电子技术》等相关专业的业务书籍，这为他以后得心应手地指挥全厂车削工作做了充分的业务准备。

张全民的妻子说，工作以外，他的时间大多用在研究技术上，工资相当一部分都用在了买书上。闲暇时间，他光顾最多的地方是书店、图书馆、阅览室。

爱学习、肯钻研的张全民不断尝到学习的"甜头"：1991 年 7 月，张全民获河南省牡丹杯车工比赛二等奖；1998 年 11 月，获河南省平顶山市职工技术选拔赛车工比赛第一名。

新世纪伊始，技术发展越来越快，张全民学习、钻研的劲头也越来越足，随之而来的荣誉也越来越多。2003 年 7 月，获"河南省技术标兵"称号；2003 年 10 月，获全国职工职业技能大赛车工决赛第二名；2003 年 10 月，获"全国技术能手"称号；2003 年 12 月，获河南省"十大杰出青年工匠"称号；2004 年 12 月，获中华技能大奖；2009 年 2 月，获国务院政府特殊津贴。

有人问张全民，一生最难忘的日子和事情是什么？他回答是 2004 年 12 月 17 日荣获了中华技能大奖。那一天，在冬日暖阳的照耀下，张全民走上第七届中华技能大奖和全国技术能手表彰大会的领奖台，党和国家领导人与获奖者一一握手并向获奖者颁奖。此时，一身黑西装、系红色领带的张全民稳稳地举起水晶奖杯，带着微笑的脸上满是幸福和自豪。因为这是国家对职工职业技能的最高奖励，也是河南省地方企业职工首次获此殊荣。

从一人的技能到众人的技能

随着职位的提升，张全民思考的问题更多了。他说，职工是企业生存之本，是企业活力之泉。职工素质是企业竞争力的命脉。要想产品占领市场，首先质量必须过硬；要想质量过硬，必须技术过硬，归根结底是职工技能要过硬。企业职工教育培训工作水平的高低，关系到企业的整体素质；培训成果的好与差，直接关系到企业的兴衰。要想使企业立于不败之地，打造一支技能人才队伍，就必须高度重视、有效开展职工教育培训工作。

张全民是这样说的，也是这样做的。他不但注重提高自身技艺，而且还积极搞好传帮带。他以培养人才为己任，毫无保留地把自己的技术和经验传授给年轻同事。

2000 年以来，张全民为集团公司和河南省培训了大批优秀技术工人。经他培训的技术工人多次在全国、省、市大赛中取得优异成绩，为河南省高技能人才培养做出了突出贡献。

为提高加工水平，近年来公司购进了大批先进的数控机床。为培养既能编程又能操作数控机床的新一代产业工人，在没有现成教材的情况下，张全民就和工程技术人员一起自编教材，从理论到实际操作，自任教师，顺利完成培训工作，推动了公司数控机床知识的普及化和机械加工的数控化。

张全民从一名普通的技校毕业生成长为享受国务院政府特殊津贴的专家，他在技术创新的道路上不断前行，凭借丰富的知识和高超的技能，为企业、为国家做出了突出贡献。

撰稿：黄来胜。文前照片和文内照片均由杨红亚拍摄。

“高空养路人”赵大坪

北京铁路局接触网工，高级技师。全国五一劳动奖章、中华技能大奖获得者。从事电气化铁路接触网运行检修工作，爱岗敬业，精检细修，练就排查设备隐患的高超技能，多次避免列车牵引供电设备故障的发生。工作中善于观察、勤于思考，解决技术难题，改进接触网检修工艺，研制专用检修工具，大幅缩短接触网断线事故抢修时间，成倍提高工作效率。

守护天路
——记“高空养路人”赵大坪

有一位普通铁路工人，他天天“上网”，已有几十年的“网龄”！

他上的网与众不同：这个网摸得着，也看得见；这个网沿铁路上空架设，它所提供的电能让列车在铁轨上飞驰；这个网有着2.5万伏的高压，一旦断线，就会造成铁路瘫痪。

这个网，就是接触网，它是给电力机车输送电能保证列车运行的生命线。火车开到哪儿，接触网就架设到哪儿。这有点像城市中的电车，头顶永远挂着大“辫子”，“辫子”上永远连着电网线。蓝天下那一条条接触网线是列车行走的“天路”。网通，则路通；网断，则路断。铁路接触网工就是这些“天路”的守护者。

北京铁路局北京供电段接触网工赵大坪，就是成千上万名“天路”守护者中的佼佼者。

几十年来他结合工作实际，改工具、改程序、改工艺100多次，为铁路运营节约了时间，为国家创造了效益。他刻苦钻研，自学电学、力学等课程，编写了十几万字的职工培训讲义，毫无保留地将自己的技术和经验传授给广大铁路职工。他舍小家、顾大家，不怕艰苦，不怕危险，在自己平凡的工作岗位上默默奉献，成为铁路职工学习的楷模。

他由一名普通工人成长为一名高级技师、全国技术能手、全国五一劳动奖章和中华技能大奖获得者，受到党和国家领导人的亲切接见。他每一天都用自己的智慧和汗水在接触网上谱写着精彩的人生。

立志：要么别干，要干就得好好干

有人说接触网工是“三高干部”——高空、高压、高风险。

1985 年 10 月，刚从张家口铁一中毕业成为一名接触网工的赵大坪，对此还没有什么太深的认识。他跟所有刚参加工作的年轻人一样，对新岗位充满了好奇和新鲜感。看着师傅们每天能够踩在直径只有一厘米多的网线上“云中漫步”，赵大坪的心早就痒痒了。

总算熬到师傅允许“上网”了，赵大坪心里别提有多高兴了。他以最快的速度爬上线杆，然后把一米八的身体用安全绳拴在承力索上。当两脚终于第一次踩在像钢丝一样的接触网线上时，瘦高的赵大坪并没有感觉到丝毫的“潇洒”，“怎么像踩在棉花上，腿一点儿也使不上力？”当他颤颤悠悠地刚站稳，一阵风吹来，网线被刮得左右摇晃，吓得赵大坪两腿直哆嗦，下来以后还心有余悸。

作为接触网工，赵大坪还要经常爬 15 米高的铁塔，铁塔越往上越细，越晃得厉害，稍有不慎，就有摔下来筋骨折断的可能。此外，为了减少停运损失，接触网工进行检修作业时，多采用 V 形天窗作业，如停上行电作业，下行就带电供机车取流运行，反之亦然。由于是 2.5 万伏的高压，没停电的那边会给检修时停电的这边造成感应电，一不留神就会被电着。

刚工作几个月时发生在身边的一件事让赵大坪记忆深刻：当时他跟一位工友分别擦两个铁塔上的绝缘子，而那位工友的铁塔那边还有一条没有断电的高压线。赵大坪正忙活着的时候，突然听到一声闷雷般的巨响——“砰”，紧接着是“啊”的一声惨叫，一个大火球“嗵”地飞了起来。再看对面的工友，人在安全绳上吊着，身上穿的毛衣已经化为灰烬。原来这位工友错擦了那条未断电的高压线上的绝缘子。

这些经历让年轻的接触网工赵大坪思考了很久：“这工作要么别干，要干就得好好干！必须时时刻刻提高警惕，不能马虎大意。苦练基本功，努力学习技术知识，不仅要知道怎么干，还要知道为什么这么干！”

赵大坪正在维修定位器

为了克服恐高的生理反应，赵大坪一有机会就站在高楼阳台上往下看。遇到上接触网，别人都躲着，赵大坪却抢着上，一次、两次、三次……他成了同批入路年轻人中最早“上网”工作的。就这样，赵大坪很快练成了“赵大胆”。

胆大还要艺高。为了练就一手硬功夫，赵大坪又开始了没日没夜地苦练。他发现师傅们做吊弦干净利落，既快又美，为了能像师傅们那样做得有板有眼，他就利用废线在手头不停地练，来回反复折线，时间一长，手套不知磨破了多少双，手腕也肿得像个面包。

有了“胆”，再加上日益娴熟的技术，赵大坪的网上作业越来越得心应手。接触网工做吊弦时，要用铁线折出一个小环，把线头打一个“8”字别住。赵大坪打的“8”字总是不大不小，弧度流畅，弯曲自然。工友们说：“从下面往上看，一眼就能看出哪些‘8’字是大坪打的，他的活儿干得就是地道，看着就舒服。”

责任：就是下刀子也要去

说接触网是电力机车的“天路”一点儿不夸张。只要接触网发生断线、断杆、剐网等故障，火车就肯定“趴窝”，对货运列车来说是真金白银的经济损失，对客运列车来说就是上千旅客“有家不能回”。所以，在最短的时间内进行抢修，尽快恢复机车供电，对接触网工来说就是头等大事。

由于接触网是高压电网，为了作业安全，遇到大风、雨雪等恶劣天气，按规定可以不进行通常的检修。但老天爷可不管这一套，越是天气恶劣，越容易出故障。接触网工 24 小时待命，一旦铃声拉响，白天 15 分钟之内，夜间 20 分钟之内必须出动抢修。这种情况下，不管是 40 多摄氏度的酷暑，还是零下 20 多摄氏度的严寒，赵大坪和他的工友们都要争分夺秒地作业。

接触网检修是一项集体作业，除了需要有人在网上操作外，还需要验电接地线人员、供电调度人员、零件装配人员以及其他辅助人员等协同配合。谁都知道在网上操作是最危险的，更何况是在恶劣天气下“上网”，可赵大坪却总是每次都争着上。

“正因为危险、有难度，才需要技术能力强的人上，我技术能力相对强一些，操作水平也高一些，反应速度快一些，所以我上比别人上把握大点，也更安全！”赵大坪总是这样去说服领导。的确，每次无论是抢修还是正常检修，只要是他干的活儿都既利索又漂亮，总是能在计划的时间内完成任务，拿工友的话来说就是“从来没有‘砸过点儿’”。

有一年冬天，寒风刺骨，气温达到了零下 20 多摄氏度。半夜时，赵大坪所在工区突然接到任务：机车受电弓把接触网刮了，吊弦、定位器、腕臂都给砸坏了，位置是在八号桥附近，必须马上去抢修！

八号桥！接到任务后工友们都面面相觑，要知道八号桥可是个大风口，风大的时候人从桥上走，不紧抓栏杆根本就站不住。何况是零下 20 多摄氏度的半夜！更何况要站在六七米高的网线上操作！

赵大坪却没想这么多，他大声地说：“这是任务，外面就是下刀子也要去！”他穿上能穿的所有衣服，又在外面套上大衣，然后用一根 4 毫米粗的铁线往腰上一勒，扛上工具和零件就出发了。

当然，这一次他又毫不例外地“上网”了。风实在太大，当赵大坪爬上线杆以后，发现很难在网线上站住——被大风刮成弧形的银铜合金网线在赵大坪面前不停晃动。此时，为了干活只戴了线手套的双手早已冻得有些僵硬，他只能一手固定住安全绳，一手机械地抓着扳手干活，还要时刻用力维持身体的平衡。为了保持手的知觉，赵大坪拧两下，就得把手交替着揣进怀里暖和一下。等任务按时完成从网上下来后，他的手已经冻得伸不直了。

在工区里，平时其他工友都是轮着上网作业，而赵大坪只要当班，每天都上。很多人不理解，问他："又不多拿一分钱，你干吗要天天上去干活？多上一次不就多一分危险吗？"赵大坪淡淡一笑："我就是喜欢接受挑战，也觉得这是自己的责任！"

善思：不仅要苦干，更要动脑子巧干

在工区，赵大坪有个外号叫"赵琢磨"。

"我这人，打小就爱鼓捣个小玩意儿，越是复杂的东西看着越是来精神。"当喜欢鼓捣个小玩意儿的赵大坪遇到接触网这个带高压的大家伙时，那琢磨劲就又上来了。

面对稍有不慎就可能出事故的工作环境，赵大坪脑子里总有一个"为什么"，他上班缠着师傅问，业余时间捧着书本看，反复琢磨、研究。他总在想还有没有更好的方法，时间是不是可以再缩短一点，人手是不是可以再减少一些？

看着赵大坪渐渐稀疏的头发，有工友开玩笑说："少想点吧！头发都快掉没了！"他则笑着回答："没办法，这辈子怕是改不了喽！"

接触网腕臂安装是电气化铁路接触网专业常见的活。赵大坪发现，传统的腕臂安装大都采用垂直吊装法，不仅用人多、耗时长，而且作业难度大、安全系数低。"能不能想个法子改进一下，让安装又快又容易呢？"赵大坪又琢磨上了。他白天休息的时候想，吃饭的时候想，晚上躺在床上还在想。由于受接触网必须断电才能工作的条件限制，他只能把整个作业程序像放电影一样在脑子里一遍又一遍地过，每个步骤都反复琢磨。工友们说："看他在那儿一动不动，其实脑子里都干了好多遍活了"。

经过在脑子里反复试验、优化程序后，赵大坪终于想出了个"水平吊装"的方法：让线杆上的作业人员与车梯作业人员同时进行操作，既方便了人员作业，又可直接悬挂承力索。人员由原来的 4 人减少到 2 人，作业时间也由25分钟缩短至12分钟！这不仅提高了效率，还节约了成本，减少了停运损失。很快，赵大坪的这一新方法在全段得到推广使用。

随着电气化技术的发展，接触网导线由原来的钢铝线更换为银铜合金线。材质的变化带来了新问题，这就是银铜合金线质地软，断线后极易弯曲变形，使得导线不易进入吊弦线夹的沟槽里。断线停电，机车就只能停运，抢修肯定得分秒必争，而导线不易入槽，断线接续时间势必就要延长。能不能做个辅助工具来解决这个问题呢？赵大坪动起了脑筋。

一天，工友发现赵大坪在材料室寻找着什么东西，一问，才知道他要找扭铁板，这让工友十分疑惑。可转念一想，他平时就爱动手搞个技术革新什么的，可能是又有新的想法了。还真让工友猜对了！回去后，赵大坪把扭铁板又锯又焊，经过几次改进，终于做成了一个更换银铜合金接触导线的专用工具。可别小看这个只由一根铁棍、两根铁管、几个铆件组成的简单设备，它把断线接续时间由原来的50分钟缩短为15分钟，解决了长期困扰接触网断线接续时间过长的“老大难”问题。在首届全国铁道行业职业技能竞赛中，依靠这个“秘密武器”，赵大坪一举夺得接触网工竞赛第一名。如令，他设计制作的这个“导线接续辅助装置”已经在整个北京铁路局推广使用。

在工友们眼里，爱琢磨的赵大坪满脑子都是“高招”。看到工人用钳子剪承力索很吃力，他就计算剪切口的角度，按照一定的角度去剪，一剪就断。他把“一剪断”的要领教给大家，让高悬在空中作业的工友省了不少力。安装隔离开关时要整体吊装，难度大，需要提前做装置支架，一个作业组10个人同时干，安全控制难。他就研究琢磨出“分体安装”，只用4个人就能轻松地完成安装。

几十年来，赵大坪用他的“爱琢磨”，结合工作实际，先后改工具、改程序、改工艺百余次。

“接触网维修是门工艺，不仅要苦干，更要动脑子巧干！”说这话的时候，赵大坪那双机敏的眼睛闪着别样的神采。

追求：看你怎么选择

跟赵大坪共过事的人都有这样的印象：他干活特别麻利，计划 90 分钟干完的活，有时候 60 分钟就能干完，而且干得漂亮，不仅没"砸过点儿"，也从来没有出现过一次失误。

人们不解其中奥秘。有人说是"因为赵大坪手特别快"，还有人说是"因为他脑子转得快"。其实赵大坪自己明白，手之所以快，除了平时苦练基本功外，关键在于脑子反应快，"手上干着这一步的活，脑子已经想到后面好几步了"。而脑子为什么能反应这么快呢？

"我干活不受固定模式限制，而是根据每次作业装备形式、环境条件等不同，修改作业步骤，形成自己的一套处理方法。"可谁都知道接触网是"三高"作业，这么做能保证安全吗？

"关键是你自己要懂！"赵大坪一语道破天机。网上高空作业要防止感应电，还要克服设备上百公斤的水平力和垂直力；拆线之前要知道线会往哪边跑，拉力的方向在哪边；挂滑轮要知道挂在什么位置，是需要一组滑轮还是只挂单滑轮……这些问题要想处理好，就必须懂电学、力学。

"做一名技术能力强的高级技师需要付出很大的努力，而做一名普通的接触网工也可以干一辈子，看你怎么选择！两者的区别在于，前者是自己真正搞懂了、学会了，能够灵活处理各种复杂、危险状况，甚至"未卜先知"；后者则是只听别人告诉你怎么做，只会照葫芦画瓢，不会处理千变万化的具体情况。"2006 年，当技艺超群的赵大坪被北京铁路局聘为高级技师时，他已经用亲身经历做出了自己的人生选择。

为了让自己真正"搞懂"，职高学历的赵大坪决心弥补理论知识的不足。带着一股子韧劲，他踏上了艰辛的自学之路。他借来《电工学》《工程力学》等专业书籍，一有空就"啃"，一遍不懂看两遍，两遍不懂看三遍，实在理解不了就向懂行的人请教。工作了一天，别人都在看电视、打扑克，他却把自己关在屋子里读书，这一读就到大半夜。赵大坪自己还总结了一套学习方法：

"看得懂的地方接着看、反复看，力求能解释、会运用；看不懂的地方就先放下，看别的书，等头脑理清后再看。这样很多问题往往不知不觉就弄明白了。"

有了较丰富的理论知识后，赵大坪摩拳擦掌，总想找机会在实践中检验一下自己的学习效果。2004 年 2 月，机会终于来了。张家口机务段线路改造，需要新设一组站场多股道软横跨支持结构，这组软横跨要跨越 5 条股道，由于受场地限制，要求软横跨计算和预制计算结果必须相当准确。这本是技术人员负责的工作，但工长却将这项任务交给了赵大坪。计算涉及大量力学知识，赵大坪感到既兴奋又有压力。兴奋是因为总算可以实际检验一下自己的"书本知识"是否真正学扎实、学懂了，压力则来自于毕竟从没有接触过此项工作，担心算不好。为了啃下这块硬骨头，他翻出看过的专业书认真研读，并到现场测量记录了几十组数据，查阅了大量的图样、图表，经过反复计算、校验，赵大坪终于绘出了软横跨各分段结构尺寸图。供电段主管这项工作的工程师认真核查了赵大坪算出的数据后说："计算方法、计算结果完全正确！"最后施工时一次吊装成功，施工质量全部合格。

高超的技艺，深厚的理论知识，加上爱琢磨、勤思考的好习惯，让赵大坪经常在各种技能比武中拔得头筹。无论是导线断线接续、隔离开关安装调整，还是腕臂更换、承力索断线接续、分段绝缘器安装调整等比赛项目，赵大坪都游刃有余，他把在实践中摸索出来的经验和技巧灵活运用到比赛中，取得一个又一个骄人的成绩。

1993 年，他首次代表供电段参加北京铁路分局组织的接触网专业技术比武，就取得了第二名的好成绩。

1996 年，他一举夺得北京铁路局技术比武接触网个人全能第一名。

2004 年，他再次夺冠，获得北京铁路局技术比武接触网断线和断杆项目个人第一名。

2005 年，他代表北京铁路局参加首届全国铁道行业职业技能竞赛，一举夺得接触网工竞赛第一名。

随着成绩的取得，各种荣誉也纷至沓来。

2005年，他获得火车头奖章，被铁道部授予“全路技术能手”称号，被劳动和社会保障部授予“全国技术能手”称号。

2006年，他获得中华技能大奖。

2007年，他获得全国五一劳动奖章。

2009年，他经批准享受国务院政府特殊津贴，并光荣参加了中华人民共和国成立60周年国庆典礼活动。

2010年，他被评为北京铁路局“十大领军人物”。

无私：靠一个人根本干不了

当各种荣誉、赞扬声不断涌来时，赵大坪是冷静的。他很清楚，成绩的取得除了自身的努力之外，更重要的是由于自己身处北京供电段这个大集体当中。

赵大坪经常说的一句话是：“接触网是集体作业，需要团队协作，靠一个人根本干不了。”他常常把自己摸索出来的经验和绝招无私地传授给身边的工友们，让大家的水平跟他一起提高。他希望有一天能有机会把自己的知识、技能全部奉献给集体，传授给供电段所有的接触网工，让接触网作业的效率越来越高，也越来越安全。

赵大坪与工友在维修作业现场

1999年，赵大坪当上了供电段职工培训中心的教员，这对他来说真可谓如鱼得水。一方面，他长期在接触网检修现场工作，知道现场工人最需要了解什么知识，最需要具备哪些技能；另一方面，作为技术高手，他通过多年的艰苦实践和深入钻研，积攒了很多极具价值的业务心得和实际操作经验，可以和他人分享。

赵大坪废寝忘食，精心准备教案，在讲台上一站就是大半天，连口水都顾不上喝，把多年来积累的好方法、作业中的妙招绝活贯穿在授课内容之中。针对一部分年龄较大、文化程度偏低的工人，赵大坪结合工作需要和设备运行中容易出现的问题，由浅入深、由表及里地进行引导，使他们在理解的基础上加深记忆。工人们不明白的地方他几句话就让人恍然大悟，工人们解决不了的问题他一上手就手到“病”除。

此外，赵大坪还坚持参加接触网工技师考前培训授课和技能鉴定实做考试、论文答辩等考评工作。为方便职工学习，他花了3个多月时间，精心编写了4 000余道接触网工技师和高级技师习题。为了编出一道道既能全面考查知识点又构思巧妙、答案精确的习题，赵大坪熬了无数个日夜，累得“掉了层皮”。

“桃李不言，下自成蹊。”在赵大坪的带动下，北京供电段职工学技术、练硬功蔚然成风。赵大坪用实际行动带动了一个群体，使北京供电段接触网工技术业务水平得到整体提高。

工作中的赵大坪是最快乐的。几十年来，他把接触网当成了“人生舞台”。他对工友说：“别人上互联网，咱上接触网；别人在屋里，咱在蓝天下。跟别人比起来，接触网工更豪迈！”

在赵大坪看来，岗位没有平凡与高贵之分，在普通岗位上同样可以干出业绩。只要你敢想，只要你敢做，只要你下得了苦功夫！

在赵大坪眼里，工作是美丽的，劳动是快乐的，奉献是幸福的。因为千里铁道线上奔驰无阻的列车有他付出的一份辛劳。他在工作中建立了自信，赢得了尊重，感受到了做一名普通劳动者的光荣！

在赵大坪的字典里，没有抱怨，没有不平，有的只是踏踏实实的工作追求；没有蛮干，没有逃避，有的只是锲而不舍的学习创新。这是融化在赵大坪血液中不变的品质。正是因为有了这种品质，遇到技术难题，他才有巧思妙想；遇到工作困难，他才有攻坚动力；遇到褒奖赞扬，他才能平静如水。

赵大坪就是这样一个人，他用勤劳灵巧的双手和非凡的毅力与智慧守护着列车运行的"天路"。

撰稿：孙雁。文前照片和文内照片均由李极光拍摄。

主要参考文章

刘勇，蒋琳琳. 接触网上的闪光生涯 [N]. 人民铁道报，2006-11-23 (1).

“航标灯王”郑启湘

交通运输部长江航道局航标充电工，高级工。全国劳动模范，中华技能大奖获得者。怀着“研制世界最先进航标灯”的理想，坚持走自学成才、岗位成才之路，潜心钻研，攻克技术难关，从材质创新到新型光源应用，完成航标灯技术革新20多项，其中7项技术获国家专利，6项成果获国家优秀奖。自主研制的太阳能一体化航标灯应用于长江干线、黄河等水域航道，为国家节省经费上千万元。

■ 永恒之光
——记"航标灯王"郑启湘

2006年5月，国际航标协会第十六届大会在上海国际会议展览中心举行。大会展厅里来自世界各国的航标科研成果琳琅满目，异彩纷呈。一种太阳能一体化航标灯以其节能环保的性能、精致轻巧的外观受到众多国际同行的一致好评。然而，更让人们感动的是，这项填补国内空白、处于国际领先水平的发明，其发明者却是一名从普通航标仪器维修工人成长起来的航标灯专家——郑启湘。

知耻而后勇：从"小工"到"高工"

1952年3月，郑启湘出生在长江之畔的湖北省石首市一个农民家庭。那时他们村子里还没有通电，家家户户点的是煤油灯，小启湘渴望有一盏城里人家的电灯。有一天他突发奇想，把爸妈藏在枕头下的手电筒偷来，拆开，用一根铜丝拴住灯泡，再连接电池的正负极，那"电灯"居然亮了，小启湘兴奋不已，凝视着他的灯发呆。在一个农村孩子的眼中，那无疑是童话中的阿拉丁神灯。郑启湘与灯的不解之缘，似乎从那时起就播下了种子。

1973年7月，21岁的郑启湘从部队复员，被分配到长江航道局洪湖航道管理处，做了一名普通的仪修工。从此，他与灯就结下了割不断的情缘。

在仪修组工作了一段时间，郑启湘发现，航标仪器维修其实是一个技术性相当强的工作，需要有较高的文化知识和较强的专业技术，对航标灯、测深仪、收音机、无线电话等设备，都要懂得它们的工作原理，不然也就谈不上一个“修”字。这对于只有小学文化程度的郑启湘来说，就显得有点力不从心了。

一年冬天，长江洪湖辖区界牌水道吃紧，航标灯损坏严重。整个冬季，仪修组的师傅们都在没日没夜地加班，他们一个个准确判断故障，手脚麻利地抢修航标灯和仪器，如同良医把脉除病。而一旁的郑启湘只能干些给师傅们递工具、搬运仪器之类的活，对桌上一大堆的灯和仪器他根本无法下手，是个不折不扣的“小工”。郑启湘第一次认识到，没有知识寸步难行。男儿的血性顿时爆发，他暗下决心，一定要学好航标灯维修技术，当一个称职的维修工。于是，他制订了自学计划，规定每天学习不少于3个小时。“别人晚上睡觉了，我就开始学习，”郑启湘说，“我钻进被子用手电筒看书。”他从小学五年级数学开始学起。1976年，恰逢单位扫盲，在老师的指导下，他用3年时间学完了初、高中的物理和数学。

有了“底子”，郑启湘开始学习电器知识，解决工作中出现的问题。“每遇到一个困难，都要咬牙将它吃掉。”他买来大量学习资料，还到书店找书看。无论是出差还是在维修作业现场，他总是随身带书，走到哪儿学到哪儿。

为了进一步提高自己的文化水平和专业技术水平，他还报名参加了吉林大学电子技术函授班的学习。“函授班的学习货真价实，考题是变着花样的，一共6门课，毕业时考试全部超过了96分。”每当谈起当年函授班的学习，郑启湘总是一副骄傲的神情。

在长达几十年的时间里，郑启湘正是靠着这种好学苦学的精神，使理论水平和业务技能有了质的飞跃，为他不断攻坚克难、创新发展奠定了坚实的基础。他还结合实践工作，升华了理论水平，先后在有关专业刊物上发表13篇论文，成为长江航道系统学习型、知识型职工的典范。2007年、2008年，他被长江航道局破格晋升为工程师、高级工程师。

勇创一流：从修灯、改灯到发明灯

“别人认为干不成的事，你干成了，这是人生最大的乐趣。”郑启湘在他所有笔记本的第一页都写上了这句话。他不是安于现状的人，在工作之余，他思考得很多。

20世纪80年代，长江上普遍使用的航标灯是150毫米霓虹灯，细心的郑启湘注意到，这种航标灯存在易受潮、耗电大的缺陷，且损坏率高，主要原因是变压器存在技术缺陷。于是，他想对航标灯变压器进行技术改进，研制出一种新型变压器。查资料、找数据、访厂家，反复计算、观察、测试，也不知郑启湘熬了多少不眠之夜，新变压器终于研制出来，试用结果显示，采用新变压器的航标灯节省电能30%，航标灯的故障率还大大降低了。洪湖航道处率先应用这一成果，对全处450盏航标灯的变压器进行了更新，当年就节约费用3万多元。

1987年以前，航标灯都是铁质的。这种灯加上电池，有三四十斤重，工人们每天辛苦地扛着它们，在风浪里劳作，危险性很大。有一次，郑启湘与同事们一起下站维修，当他们正往一座岸标标杆上爬的时候，硕大的铁灯突然掉落下来，像快速旋转的陀螺一样，紧贴着蹲在地上搞检测的同事耳边砸向地面，幸好没有伤到人，否则后果不堪设想。“要能研制出一种轻便的航标灯，把航道工人从繁重的劳动中解放出来就好了。”郑启湘又琢磨起来。

有一天，郑启湘无意中听到一条广播新闻，说深圳有人发明了一种塑料汽车。郑启湘怦然心动，既然汽车都可以用塑料做，那航标灯为什么不能呢？当时，塑料航标灯在国内还是一个空白。

“没有先例，我就来创造这个先例!”郑启湘说干就干，一份航标灯外壳改塑料的方案不久就上报单位，得到了领导的大力支持，还批了1万元的科研经费，这在当时是一笔可观的经费。经过20多个日夜的奋战，1987年1月，第一盏全塑航标灯在长江中游投入使用。

20世纪70年代至90年代末，航标灯光源用的全是白炽灯泡、霓虹灯管，这些光源存在易烧泡、寿命短、耗电大等缺陷，既不节能也不环保。能不能用更好的光源来替代？郑启湘一直在寻找，直到有一天，他在街上看到小孩子玩激光灯玩具，顿时受到启发，到玩具批发店买了4个激光灯玩具回去拆开研究。他通过查阅相关资料得知，一种叫发光二极管的新型光源已经应用到照明领域。

“要是航标灯光源也能用上发光二极管该多好啊！”2000年，郑启湘开始了他艰辛的航标灯光源革新之路。为了支持郑启湘的创新，洪湖航道处专门成立了“明灯QC小组”。郑启湘和同事们多次深夜在陆地、水上进行新型光源的射程视距测试，攻克了多道技术难关。从8粒发光二极管组成梅花状光源到发光二极管芯注塑成整体，形成一体化新型航标灯光源……两年的不懈努力终于有了成效，采用新光源的航标灯不仅将航标灯的视距由2.5公里提高到5公里，而且耗电量也降到了原来的1/3。2004年11月，新型航标灯光源获得了国家专利。

取得了多项发明成果之后，郑启湘并没有停止他的探求之路。传统的航标灯以空气干电池、铅酸蓄电池为能源，容易对环境造成污染，他把目光转向了更加环保的太阳能技术。在此后近3年时间里，他带领研制小组相继完成了航标灯电源、太阳能电池板配套等一系列课题的研究，完成了航标灯外壳的定型、航标灯实际数据的测试。2005年5月，HD100型太阳能一体化航标灯终于问世。2007年3月，升级版的HD155型航标灯闪亮登场。经专家鉴定，HD型产品已达到同类产品国际先进水平，填补了我国内河航道无太阳能一体化航标灯的空白，是航标灯史上的一次划时代革命。

郑启湘在航标上安装他研制的太阳能一体化航标灯

1986—2009年，针对航标灯的光源、外观、节能、环保技术，郑启湘以勇于攻关的创新精神，引发了航标灯的十余次革新，推动了新材料、新能源、新技术在航标灯上的应用，他因此先后获得了众多荣誉，主要有全国交通技术能手、长航十大杰出人物、全国技术能手、中华技能大奖、全国劳动模范等。

坚忍执着：把研制航标灯当作毕生事业

“我们家老郑是个灯迷，对航标灯已经着了魔。”妻子李爱民从心底敬佩丈夫追求事业的那份执着，也许郑启湘这辈子注定要以灯为伴。

在研究塑料航标灯的时候，一天正在和家人吃饭，一个塑料航标灯的设计方案突然在郑启湘脑海里闪现，不知不觉中他竟然把筷子当作笔，把汤汁当作墨水，在桌子上画了起来……

在研究新光源改造和太阳能技术的那些日子里，他更是一门心思地钻了进去。研制太阳能一体化航标灯并不是件容易的事，除了要一一熟悉光源、光源电路以及太阳能板的尺寸、角度、材料外，还必须通过反复试验记录下一个个测量数据，再对这些数据进行分析研究。

2008 年初，荆楚大地遭遇了百年不遇的冰冻雪灾，地面白雪皑皑。这种罕见的极端寒冷天气，在郑启湘的眼里却成了测试新型航标灯运行环境的最佳时机。他每天早上 7 点准时跑到单位的屋顶上，跪在半米厚的积雪里观察航标灯的光源视距。测试点被冰雪冻住了，他就用自己的体温来融化。经过近一周的测试，郑启湘获得了这类天气下的宝贵数据。“这次测试也充分证明了我们研制的太阳能一体化航标灯，即使碰到百年一遇的雪灾也能正常运行。”郑启湘自信地说。

郑启湘冒雪测试一体化航标灯性能

2004—2008 年，近 5 年间，为了取得各项试验数据，郑启湘几乎没有完整地休息过一天，他所观测、记录的上万个数据资料已装了满满几个大文件盒，这些数据都是他智慧和心血的见证。

常存感恩：把自己的一切奉献给长江航道

是什么样的动力让郑启湘干起工作来这么拼命？他的回答是：“感恩和对黄金水道的热爱。”

1984年3月的一天晚上，郑启湘肾结石发作，全身浮肿，两眼肿成了一条缝，已处于昏迷状态。经医生诊断，他患的是急性肾功能衰竭，生命危在旦夕。长江航道局洪湖航道处及时安排工作船将他送到远在180公里外的武汉长航总医院，处领导要求医院不惜一切代价挽救郑启湘的生命。在抢救检查过程中，出现了令医生们惊异的情况：郑启湘先天只有一只肾。这是在100万人中才有一个的特例，大大增加了抢救和后续治疗的难度。

当时，医生们担心，郑启湘即使这一次能救过来，今后也难以继续正常工作。奇迹出现了，经过及时医治，他不但从死亡线上被抢救回来，还恢复了工作能力。事后，医生对他说：“没有你们单位，你的生命再晚3个小时可能就不属于你了。”

从那时起，郑启湘几乎天天都在想这句话，他在心里对自己说：“党和组织给予我第二次生命，我这一辈子也还不了这个情，下半辈子不为别的，只为感恩报德。”

感恩报德，这就是郑启湘朴素的人生信念，也是他顽强拼搏的强大精神支柱。郑启湘每天都很忙，与之相伴的是身体每况愈下。2006年3月，当新型太阳能一体化航标灯进入最后测试阶段，郑启湘的肾结石又发作了。发作了3次，他忍了3次。当排出的尿成了绛红色，疼痛更加剧烈时，他才叫醒了妻子，一起赶到医院。第二天早上，疼痛稍有缓解，他又匆匆赶到单位。这让妻子又气又恨又心疼，在电话中哭着对他吼：“你是不是不要命了！”

2008年12月，航标灯生产的最后关头，郑启湘的痛风病又犯了，两腿肿得像柱子似的，在医院输液，用了2个小时，他心疼死了，这样太浪费时间了。第二天，他索性请了个护士来车间，把药水拿到车间里输，这样他可以工作和治疗两不误。“从他对工作的执着上看，完全看不出他是患有重病的人，我们看到的是他只争朝夕和始终饱满的工作热情。”徒弟们敬佩地说。

信念在巨大的利益诱惑面前容易动摇。然而，郑启湘意志坚定，面对两个厂家高价收购专利、8 家单位高薪聘请他做技术总监的“优厚待遇”，他都婉言谢绝了。他说：“无论出多高的薪酬，都抢不走长江航道太阳能一体化航标灯的技术。现在，党和国家这么重视长江黄金水道，这正是我报效国家的最好时机，我还要继续努力，研制出世界上最好、最先进的航标灯，让它在祖国的江河湖海闪闪发亮，永不熄灭。”

长江航道局党委书记这样评价郑启湘：他犹如一盏永不熄灭的航标灯，人如灯，灯如人，灯人合一，是燃烧自己、照亮别人的航标灯精神的真实写照。的确，几十年来，郑启湘用他燃烧自己的实际行动，为千千万万艘巨轮照亮了前程，也为“灯人合一”这种精神做了很好的注释。

撰稿：王取发、王宜法。文前照片由隗传学拍摄，文内照片由夏家汉、隗传学拍摄。

主要参考文章

田建军，王取发．万里长江一盏灯——记全国劳动模范郑启湘［J］．中国水运杂志（上半月），2010（7）．

“航天数控英才”苗俭

中国航天科技集团公司第八研究院铣工、加工中心操作工，高级技师。中华技能大奖获得者。长期从事国家重点工程任务关键部件的加工工作。坚持走岗位成才之路，有扎实的理论功底，掌握高超的铣工、加工中心操作技能和计算机技术。善于攻克技术难关，在科研生产中取得多项突破，成为新时代航天技能领军人才。

巾帼天工

——记“航天数控英才”苗俭

铣工是根据设计零件图样用铣床进行零件加工的技术工种，一般形状复杂的零件加工都是由铣工来完成的。铣工岗位上，男性向来占绝对多数，而在这个“男人的世界”里却出现了一位巾帼高手，她就是中国十大杰出青年技师、中华技能大奖获得者、中国航天科技集团公司第八研究院铣工和加工中心操作工“双料”高级技师——苗俭。

落榜不等于没前途，念技校一样有出息

也许是命运的有意安排，1992年，平时学习成绩一向优秀的苗俭却在“中考”中发挥失常，以10分之差无缘重点高中。当她收到上海市劳动局第二技工学校录取通知书，看到“铣工班”三个字时，对其中“铣”字的含义还是一头雾水，她好奇地问妈妈：“这个字怎么念？和洗衣服有关系吗？”那一年，苗俭才16岁。

进入技校后，她了解到自己所在的铣工班50多名同学中，只有屈指可数的几个女生，十分扎眼。她还听到“铣工行当是男生的特长，女孩子学不精、做不久”的传言。为此，她一度很迷茫，学习情绪不高。当时，苗俭的一位女老师发现她学习情绪不对头，就把她带到实习车间，为她现场表演

了一段铣工“绝活”：短短十多分钟，一块粗糙的铝合金就在老师手上“奇迹”般地变成了光滑的六面体。看到老师的精彩表演，苗俭的眼睛一下子亮了，“太神奇了！真不可思议！”老师的表演让她深深折服。老师表演完后对她说：“只有没出息的人，没有没出息的专业，只要好好学习，不管是男生还是女生，都能在技校学到真本事，都会成为有出息的人。”老师的话带给她很大的震动。从此，她变被动学习为主动学习，渐渐地喜欢上铣工专业。在老师的悉心指导下，苗俭掌握了铣加工的基本技能，找到了学习铣工技术的乐趣。进校一年多，便夺得了校铣工竞赛第一名。在三年级时，由于成绩优秀，她从 400 人的竞争中脱颖而出，入选了只招收 12 人的校“数控加工专业班”。在毕业时，取得了车工、铣工、数控加工三个工种的技术等级证书。后来，当有人问她上技校后悔不后悔时，她非常骄傲地回答：“不后悔！真要读高中我可能是条虫，在技校，我觉得自己是条龙。”

1995 年毕业时，大部分用人单位都愿意招男生，她这个成绩优秀的女生反而成了“难题”。当时，航天系统到苗俭所在的学校招收铣工，只要男生。可是，招聘组看了好几份档案，觉得都不太满意。“有一个小姑娘很不错，成绩很优秀，还是班干部，不知能否考虑一下？”见此情景，技校老师把苗俭的档案递了过去。结果，看了苗俭的档案后，招聘组同意让她参加面试。

面试时，招聘人员问她：“干铣工很苦啊！在我们单位，还要经常加班，你一个小姑娘，吃得了苦吗？”苗俭真诚而自信地回答：“没问题。男孩子能干的，我也能干，而且我要比他们干得更好！”招聘人员最终被她的诚意所打动，破例录用了一名女生。从此，苗俭开始了在航天系统的奋斗历程。

航天事业给了我舞台和机会

航天事业关系国家发展战略，承载着富国强军的神圣使命，关系着民族的振兴、祖国的安全。载人航天、探月工程、高新武器装备等都是国家重点工程，这些工程的共同特征是产品种类多、工艺技术复杂、加工难度大，需要经过测量、绘图、计算，再到各类加工、装配、调试等一系列复杂工序，每个零件的生产加工都有非常严格的规范和要求，有时这种规范和要求近似于一种苛刻，在航天系统工作过的人都有这样深切的体会。正是在这样的环境中，苗俭有机会从事运载火箭、载人飞船、高新战术武器等数十个国家重大项目中千余件关键和重要零部件的数控编程及加工，从一名普通技能人员成长为行业技能领军人才。

刚参加工作时，单位各项硬件设施并不像现在这样完备。那时，车间里还没有空调。夏天，在高达30多摄氏度的环境里，机器一开，铣刀高速切削产生大量热量，操作人员几乎每天都在洗“桑拿”。冬天，按照操作规定，天气再冷也不能戴手套。暖和的手一碰到冷冰冰的金属，心里很不是滋味。在切削加工时，滚烫的金属碎屑会不时飞离高速旋转的铣刀，一个躲闪不及，就会溅到脸上、脖子上，烫出一个个小泡……大家原以为，这个“娇滴滴”的上海姑娘可能坚持不了多久，可他们很快发现小瞧了这位姑娘，苗俭在工作中从不叫苦、从不喊累，总是紧跟着师傅，专心致志地学习技艺。

起初，苗俭看到车间里的老师傅面对一张复杂的图样，鬼斧神工般地将一件件毛坯变成了一个个精密复杂的航天零部件，而她却看了大半天，还不知从何下手。她意识到，自己在学校里学的知识与实际工作之间还存在不小的差距，只有勤学苦练，在实际操作中摸索，才能达到像师傅一样的水平和境界。她更加努力了。上班时，她认认真真地跟着师傅学技术，仔细观察，潜心揣摩，不懂就问，大胆实践。下班后，她脑子里还牵挂着复杂工件，细心地回味师傅传授技术时所讲的话，不弄明白决不罢休。苗俭是一个善于学习的女孩子，在师傅的耐心帮助下，工作一年后，她已经开始独立加工复杂零件了。

然而，复杂零件加工说起来轻松，但在实际操作中所要付出的艰辛，恐怕只有苗俭自己知道。某战术武器中新研制的关键零件翼板，不仅需要在坚硬的不锈钢材料上完成5条圆弧筋板的加工，还要保证翼板的平衡试验小于2克的技术要求。2克，一粒米的重量，操作人员的手稍微一抖，误差就过了数克。当时单位里没有数控设备，只能靠普通铣床通过近20次的装夹、定位、加工才能完成。这种难度的任务一般是由经验丰富的老师傅来承担。初出茅庐的苗俭主动请缨，勇挑重担，她通过反复琢磨、计算，结合掌握的知识和加工经验对刀具角度进行了合理的修磨，大胆改进了装夹和加工方法，有效提高了重复定位的精度，并且缩短了装卸时间，令人称奇地使零件的加工合格率达到了100%。

现在的苗俭已是高级技师，攻克过许多难关，可是对那次独立完成高难度任务的过程仍然记忆犹新。因为对她来说，那是她参加工作后第一次承担技术攻关项目并取得成功，这带给了她一种前所未有的自信，激励着她不断迎接新的挑战。

学习是一辈子的事

当苗俭在铣工岗位上工作得一帆风顺的时候，她感到，随着科学技术的发展，航天加工未来的方向肯定是数控，因为数控技术使零件加工更精确、更高效。于是，她自我加压、自我扬弃，把眼光“瞄准”了更尖端的技术——数控加工。与传统铣工相比，数控加工一下子提升了好几个层次。数控机床集机、电、液于一体，要求操作者必须具备机械、加工工艺以及液压、气动、专业英语等多方面的知识，还要具备电子计算机、自动控制、驱动及测量等相关技术。

1996年，苗俭考入上海机电职工大学数控专业大专班，开始了一段艰辛、充实而快乐的学习时光。久别课堂的她对新知识的学习更加如饥似渴，新的目标、新的追求，给了她克服学习中种种困难的动力。上大专班的那段时间，她每个周末早上五点钟就从家里出发，骑一段自行车，再换乘三趟公交车，辗转到学校参加学习，单程就要近两个小时，不论刮风下雨，她从没有迟到或缺课过。苗俭学技术时争第一，读书时也争第一。她选修的机械工艺基础、数控原理及编程、电气控制、液压传动等课程都很难学，一般是男学员的强项。但由于苗俭勤奋用功，在四年的学习中，班级里学习成绩第一、二名常被她这个唯一的女孩子夺得。2000 年 6 月，她以优异的成绩拿到了数控应用技术专业大专文凭。2001 年，她参加了上海市劳动和社会保障局举办的数控高级工培训班，并于 2004 年和 2006 年分别获得铣工高级技师和加工中心操作工高级技师职业资格。2004 年 11 月，苗俭以优异的成绩考入同济大学机械设计制造与自动化专业本科班，圆了自己的大学梦。

在刻苦学习的同时，苗俭善于将理论与实践结合，她不断地把自己的操作经验总结成具体的程序，进一步提炼成理论，用以指导实践，并与更多的人一起分享。她发表在《航天技术交流报》上的文章受到了业内专家的一致好评，文章总结的操作方法在系统内得到了广泛的传播应用。

苗俭把学习当作生活的一部分，她始终认为，缺乏学习的生活算不上是精彩的生活。当被问及自己学习的感悟时，她说："学习是一辈子的事，工作以后同样能学理论、考大学。"

只要真正用心去做一件事情，总能成功

机会总是垂青有准备的人。2002 年，单位引进了第一台龙门数控加工中心。对于这台新设备，苗俭和同事们感到既兴奋又新奇，但是看到设备上遍布的英文标识以及厚厚的软件资料，没有人敢主动承担操作任务。在领导研究操作人选时，苗俭的师傅向领导推荐了苗俭。领导经再三权衡、分析比较，最后决定由苗俭独立承担操作数控机床的任务。

苗俭在调试数控加工程序

接到任务后，苗俭马上开始了紧张的准备工作：她一边去图书馆查阅、搜集相关技术资料，一边向外单位有丰富经验的老师傅请教，并结合自己的实际操作经验，积极进行各种尝试和探索。通过不懈的努力，她很快就掌握了这台设备的性能和操作要领。当设备安装调试完成时，正值单位几个重要产

品零件加工的高峰期，在没有进行编程、操作等专项培训的情况下，苗俭硬是凭着厚实的理论功底和实践经验，克服种种困难，挑起了新设备操作重任，加工出了各类用于高新武器装备的大型零件，这不仅为所里节约了大量外协费用，还缩短了制造周期，保证了产品精度。

照射器天线是飞船系统载人航天工程的重要组成部分，是飞船名副其实的“眼睛”。它的精度直接关系到飞船通信系统信号传输和空间探测的准确性。照射器天线型面复杂，加工起来极其困难，需由相应的胎模来保证，而且专用工具要求精度高，制作周期短。更加困难的是，这种专用工具是个庞然大物，大大超出了龙门数控加工中心的加工范围。面对困难，苗俭没有退却，而是迎难而上，经过周密思考、仔细测算，她独创了“多刀具分段加工法”，化整为零，攻克了超出设备加工范围的难题。加工中，由于设计图样要求的是由公式曲线构成的回转抛物面，编程繁复且容易出错，通过针对性试验，她将多个软件巧妙地结合使用，成功编制出高效的加工程序，高质量地完成了专用工具的曲面加工任务。

雷达地面制导站充当着战术武器地面“领航员”的角色，频率综合器盒体的加工质量，直接影响到地面站许多关键电性能的指标和雷达制导的精度。加工难点是盒体装夹时会产生较大变形。为此，她在加工中通过自己独立设计并制造定位工装，采取减小受力面积、合理选定装夹点等措施，攻克了产品壁薄、易变形的难关。她还对现有刀具参数进行试验改进，同时选用合适的切削液，有效地降低了切削力及切削热，提高了刀具使用寿命，使产品合格率从过去的 80% 提高到 100%。

此外，她还积极探索软件编程技术，利用自己既熟悉数控加工工艺，又掌握多种 CAD/CAM 软件的优势，不断完善编程手段，完成曲面叶轮等五轴联动零件的编程及加工，为国防科技和高新工程等国家重点项目解决了众多加工技术难题。

人生的最高境界不是超过别人，而是超越自己

航天是高风险行业，在航天领域要做出成绩，女性比男性要付出更多的努力。这些年来，苗俭凭借自己高超的技能、拼搏的精神以及女性特有的细腻，攻坚克难，取得了一系列社会公认的成绩，为单位创造了效益，也为自己赢得无数的鲜花与掌声。生活中的苗俭和大多数同龄人一样，爱好广泛，充满朝气，特别喜欢田径运动。她说："我喜欢比赛，喜欢竞争的感觉。因为在挑战对手的同时，也是在挑战自己、超越自己。"

1998 年 8 月，中国航天科技集团公司第八研究院组织"大练兵、大比武"技能竞赛，当时只是中级工的苗俭毫不犹豫地报名参加，在报名参赛者中年龄最小。由于在赛前做了充分的准备，比赛中又发挥稳定，结果苗俭在众多比她年长的铣工高手中脱颖而出，夺得了第一名。

2009 年 11 月，由中华全国总工会、科学技术部、人力资源和社会保障部共同举办的第三届全国职工职业技能大赛加工中心操作工决赛在沈阳举行，来自全国 24 个省（区、市）的 72 位选手在这里摩拳擦掌、一决高低。由上海航天系统组队的上海市代表队派出了 4 位选手分别参加"FANUC""西门子"和"蓝天"这 3 个操作系统组别的竞赛。苗俭是上海市代表队选手之一。然而，十多年来，她不论是学习还是操作机床都是"FANUC"系统，在这次比赛中要使用自己不熟悉的系统，难度可想而知。"挑战自我"一直是苗俭追求的理念，善于突破自我已经成为她的一种习惯和风格。所以，她没有把这种不利的安排看成是负担，而是看作一次挑战自我、快速提升的机会，她毫不犹豫地接受了安排。在这背后，透出的是她的自信与从容！

苗俭与班组成员交流数控编程技巧

在集训期间，作为代表队中唯一参加过全国大赛的选手，她无私地将比赛经验与队友分享。

“人生的最高境界不是超过别人，而是超越自己！”

“不需要知道自己是第几名，也不必在乎对手的表现，只要盯住目标，保持同一姿态——奔跑！”

在集训间歇，苗俭经常用这样的话鼓励队友，而这正是她自身精神的写照。

两个月的高强度集训，使苗俭的腰椎间盘突出旧病复发，每晚都疼痛难眠，但她从不因病痛影响集训进度，而是不断地激励自己：“不能停，锁定目标，继续奔跑！”欢笑总是在痛苦之后，经过紧张激烈的角逐，上海市代表队获得团体第二名，苗俭获得个人第六名的优异成绩。面对队友的称赞，苗俭笑着说：“参加各种比赛，最重要的并不是赢得荣誉，而是在比赛过程中和许多同行的交流。通过交流，开阔了眼界，获得了信息，学到了更多新东西。”

荣誉是过去，未来的路还很长

在不断提高自身能力的同时，苗俭深刻地认识到，只有把自己的发展和集体乃至整个社会的发展紧密地结合起来，才能使个人价值最大化，才能为社会创造更大的财富。这也成为她不懈的人生追求。

苗俭以不知疲倦、孜孜以求的勤奋学习精神影响着她的班组和团队。在她的带动下，她所在的班组形成了学习理论、切磋技艺的浓厚氛围，每个人都能发挥自己的特长，以点带面，以人带组，逐步将这个班组锤炼成一支团结、具有核心竞争力的学习型团队。多年来，这个仅有几十名成员的班组先后产生了 8 名高级技师、2 名全国技术能手、十几名行业技术能手，并先后获得了“上海市模范集体”“上海市共青团号”“上海航天技术研究院金牌班组”等荣誉称号。

2005 年，苗俭被上海市团市委聘为上海市青年高技能人才导师团成员，她用自身的成长经历及体会，引导青年人在平凡的工作岗位上，努力学习，锐意进取，求真务实，奋发成才。

2006年，苗俭参加了在沈阳举办的“全国青工技能人才创新论坛”，在这个交流平台上，她把自己的成长经历与参会的同行交流分享，不仅启发了别人，自己也学到了很多杰出青工技能人才的成功经验。

2009年5月，纪念五四运动90周年大会在北京人民大会堂举行。苗俭作为全国青年职工代表发言，畅谈在党的阳光雨露下茁壮成长、刻苦钻研数控技术、为祖国航天事业发展建功立业的心路历程。

2009年10月1日，在庆祝中华人民共和国成立60周年阅兵式上，受邀参加活动的苗俭见证了自己参与制造的多个受检型号武器系统的雄伟英姿。

参加工作以来，地方和全国先进工作者、中国十大杰出青年技师、全国技术能手、中华技能大奖获得者、中国青年五四奖章获得者，等等，苗俭获得的荣誉不计其数。她还享受国务院政府特殊津贴。中央电视台、《解放日报》等媒体多次报道了她的事迹。面对接踵而来的荣誉和赞扬，苗俭总是谦虚地说：“我只不过是在恰当的时候用心做了一件自己喜欢做的事情，国家、社会和单位却给了我太多的荣誉。荣誉是过去，未来的路还很长，还有太多的东西需要学习，一切还得重新开始。”

撰稿：郎勇、黄继东、何语华。文前照片由鲍秉誉拍摄，文内照片由范钦华拍摄。

■“织机维修专家”刘生友

天津天纺投资控股有限公司纺织设备保全工，高级技师。中共十七大代表，全国劳动模范，全国五一劳动奖章、中华技能大奖获得者。在纺织设备维修岗位上默默奉献，干维修、爱维修、钻维修、精通维修，创新先进工艺，总结出独特工作方法。编写的《喷气织机调试工作法及规程要求》《喷气织机上轴操作方法》等资料成为企业设备维修人员执行工艺、排除故障、翻改品种的必备依据，实现了喷气织机上机工艺和开车调试操作标准化。

经纬间的人生
——记"织机维修专家"刘生友

保全工是纺织企业一个非常普通的工作岗位，其主要职责是负责一定工作区域运转的所有机器设备的维护、保养和修理，确保设备安全运行，最大限度地发挥设备的工作效率。

在天津滨海新区，有一位保全工，几十年如一日，爱岗敬业，无私奉献，从平凡的保全工成长为中共十七大代表、全国劳动模范，获得全国五一劳动奖章和第九届中华技能大奖，享受国务院政府特殊津贴。他，就是被人们誉为"织机维修专家"的天津天纺投资控股有限公司纺织设备保全工、高级技师刘生友。

热爱，是成长的最大动力

刘生友出生在天津市一个普通的工人家庭。他的父亲是天津第二棉纺织厂的一位老保全工。在父亲的影响下，刘生友从小就对纺织行业、保全工作抱有一份特殊的感情。在20世纪70年代，能够进大型国营企业当工人是一件令人十分羡慕的事情。1979年，带着几分幸运，刘生友顺利地接替父亲走进天津第二棉纺织厂，当上了一名保全工。

刘生友一进厂，师傅就告诉他，织布机保全这门技术，入门容易精通难。一名优秀的保全工要耳、眼、手“三到”：在机器轰鸣声中能听到异响，在机器高速运转中能看到残疵，在找到设备故障原因后能及时“手到病除”。师傅的话为他指明了努力的方向，刘生友默默记在心里，时时用“三到”来督促检查自己的工作。

其实，与别的保全工相比，刘生友并没有什么特别的过人之处，他最大的优势是热爱保全工作，全身心地投入工作。他最大的特点是主动学习，多观察、勤思考、爱钻研，不安于现状，不断追求更高的工作境界。在当学徒阶段，师傅操作时，他在一旁边看边学，专心观察织布机的结构，琢磨织布机的工作原理。别人休息时，他却回忆总结师傅教授的技术知识与操作要领，并用本子详细记录每个操作细节。这样，在较短的时间内，他的动手能力、反应速度得到了很大提高。在此基础上，他结合实际工作钻研技术理论，学习新知识，分析设备图样。他把厂资料室有关织机保全技术的书都看遍了，觉得还不够，就到处借书看。他还从自己微薄的工资中省钱买书看。下班后，他最大的乐趣就是与父亲聊保全工作的事，一起分析遇到的各种各样的问题，研究探讨解决的办法，父亲成为他的良师益友。

功夫不负有心人，经过不懈努力，刘生友总结出一套独特的织布机安装方法和操作技巧，摸索出一条快、准、好的织布机维修路径，有效地提高了设备工作效率，学徒不到两年就提前出师。由于他在工作中表现出色，从1984年开始，他连续三年代表厂里参加天津市纺织系统技术比武，在参赛选手中他的年龄最小，但三次比武都拿到了第一名，让人刮目相看。

敢拼敢闯，不断挑战自我

1992年，厂里从国外引进了96台喷气织机。这种设备技术含量高，安装调试程序复杂，安装质量对能否按时投入使用影响很大。设备进厂后，尽快安装好设备就成为全厂的头等大事。大家既为厂里引进了先进的设备，竞争实力将大大提高而倍感兴奋，又为设备能不能顺利安装调试投入使用而感到担忧。

当时，全厂经过专门培训的技术人员只有两人，在实际安装过程中，他们遇到许多困难，整个安装工作进展缓慢，一天时间还调试不出一台设备。照这样的速度，厂里的经济损失将难以估量。刘生友没有参加过专门的培训，安装设备的主要工作他一点儿都插不上手。按理说，他完全可以做一个旁观者，给负责安装的技术人员打好下手就可以了，但是他并没有这么做，而是急企业所急，把这次安装调试引进设备的工作作为一次挑战自我的机会，自告奋勇地向厂领导请战：“能不能让我试试?”为了加快设备安装进度，出于对刘生友技术能力的信任，厂领导同意了他的请战。

刘生友在专心处理技术问题

“让我试试”，话虽好说，但是能否成功，刘生友并没有绝对的把握。为了尽快掌握设备调试技术，他着魔似地钻研、翻阅技术资料。他没学过英语，一些英文的设备安装资料他根本看不懂。他硬是拿起英汉词典，一个单词一个单词地查，每天学习到深夜。靠着一股不服输的拼劲，在很短的时间内，他就初步弄懂了英文的设备安装资料。

功夫不负有心人，经过反复琢磨研究，刘生友掌握了喷气织机的工作原理和性能，制订出切实可行的安装调试方案，成功地安装调试好一台喷气织机。阶段性成功给刘生友以更大动力，通过不懈努力，他在短时间内就将安装速度由半天安装调试好一台设备提高到一天安装调试好三台设备。外国专家听说有人没经过专门培训能够无师自通地安装喷气织机都不太相信，就来到设备安装现场看个究竟。他们看到刘生友安装调试设备一招一式都有板有眼，再检查设备安装调试效果也完全符合要求，感到非常惊奇，对他的能力连连称赞。就这样，在刘生友的带动下，96 台喷气织机的安装调试任务按时保质保量完成，所有设备运转正常。

2005 年，刘生友所在的天津第二棉纺织厂与其他纺织企业实施工业东移，从天津市区迁入天津港保税区高新纺织工业园，组建了天津天纺投资控股有限公司，领导给刘生友安排了新的工作岗位，负责织布车间喷气织机机台排列、排装画线和设备安装调试工作。当时园区的厂房正在建设中，各方面条件都比较差，为了加快园区建设的步伐，他和设备安装队的同事们一起对地面钢筋的铺设、混凝土的浇灌实行了全程 24 小时跟踪监督，严把质量关，通过他们的辛苦努力，工程质量达到较高水平。混凝土地面施工完成后，按照设备安装的技术要求，必须对地面平整度进行测量。为了保证设备安装质量，刘生友要求对不同型号的机台地脚逐台测量，精度要以毫米计算，不符合要求的，严格按照标准进行修正，这就意味着要用手砂轮对 2 732 个机台地脚的硬质地面进行逐个打磨，工程量、劳动强度可想而知。然而，在他的带领下，设备安装队的全体成员不怕苦、不怕累，发挥纺织工人艰苦奋斗的光荣传统，圆满完成了设备安装的前期准备工作，为设备按时安装调试打下了良好的基础。之后，他和设备安装队的同事们连续作战，克服了种种困难，仅用一个月就将新购进的 282 台织机全部安装到位，并创造了每天调试开车 17 台的纪录。领导在检查验收设备安装质量时，对织布车间的设备安装质量给予充分肯定，并决定作为样板车间，供全公司观摩学习。

攻克难关，不断改革创新

工欲善其事，必先利其器。设备管理、维护和保养是提高生产效率和产品质量的重要保证，也是增强企业实力的基础性工作。喷气织机经过一定时间的高速运转后，必须进行维修保养，才能保证其处于良好的运行状态。

在长期的保全工作中，刘生友体会到，设备发生故障，不仅影响到企业的正常生产，还会因企业资金短缺，难以支付昂贵的进口配件费用，导致故障设备停台。为此，他尽自己所能千方百计提高设备完好率。只要一看到有织机停台，他就有一种难以言表的负疚感。他想，喷气织机每分钟运行五六百转，停一个班就等于少生产一百多米布，不能看着企业的效益受损失。刘生友深知，技术创新难，对引进的先进设备进行技术改造更是难上加难，

刘生友在检查设备

但是为了企业的效益，即使再难也不能畏缩不前，攻克难关、不断创新是设备维修人员的责任和价值所在。于是，他利用多年实践摸索出的经验，对进口设备零配件进行国产化改造，同时积极开展修旧利废工作，通过一番艰苦努力，将故障设备停台数降至最低点。

一天深夜，劳累一天的刘生友已经休息，急促的电话铃声把他叫醒。正在进行夜班生产的工人向他反映，织机上的卷取同步齿形带损坏，当时没有备件，购买已来不及，面临停车。放下电话，他二话没说就赶到现场。经过实地测量、计算，刘生友很快制作出替代件。上机运行，这个替代件完全符合要求。

接经机是每天必用的辅助设备，时常出故障。这种设备体积不大，却有几百个零件，精密度相当高。以前，接经机出了问题，都要送到外地检测修理，仅修理费就高达 3 000 多元，还耗费人力和时间。这一直是刘生友的心病。一次，一台接经机出了故障，刘生友决定尝试自行维修。他和负责这台设备的同事一起细心研究，连续干了三天，将部件一个个地拆卸检查，并认真做好记录，将设备所有的毛病修好，再成功地照原样组装调试好。取得了这次拆修经验后，刘生友信心大增，再遇到同类故障，他都是和同事一起自己检修，仅此一项每年就为企业节省维修费用数十万元。

“不让企业效益在自己手中流失”，这是他的行为准则。在他的带领下，维修人员通过用国产零部件替代进口零部件和零部件自制、维修，解决了 60 余项难题，多次荣获天津市技术创新优秀项目奖。

与时俱进，不断增强企业竞争实力

刘生友清醒地认识到，纺织业市场竞争日趋激烈，这种竞争主要是技术和人才的竞争。现在纺织企业的生产成本大幅提高，纺织企业要生存和发展就必须加快实现从“以量取胜”到“以质取胜”的转变，提升产品档次和水平，增强企业核心竞争力。

纺织工艺中有两个重要参数：支数、密度。支数是表示纱线粗细程度的单位，支数数值越高，所反映的纤维或纱线越细；密度是表示织物单位长度中经向和纬向纱线根数的单位，数值越高，密度越大。一般纱支越细，能做到的密度就越大。高支高密纬双重织物技术含量高，生产工艺复杂，织造难度大，在此之前，企业没有生产过，设备、技术、工艺上面临很多难题。该织物在织造中，因织口移动大、引纬困难、经纱强力弹性高而频频出现断经、开车难、效率低的现象。面对困难，刘生友迎难而上。他采取了优选浆轴工艺，用新型浆料提升纱线强力；将正反两系列纬纱分装在储纬器上，调整主喷气压，改进引纬工艺；变化开口动程，减小打纬移动量；合理调节电磁销间距等一系列技术措施，终于让停着的机器正常运转起来，而且生产效率由原来的 40% 提高到 85% 以上。“高支高密纬双重织物及其制造工艺”获得了国家专利，填补了该项产品工艺技术的空白。

涤纶长丝织物经济附加值高，但市场竞争非常激烈，必须根据市场变化开发新产品。在翻改新的涤纶长丝织物品种时，领导问刘生友敢不敢接这个任务，他毫不犹豫地说：“只要市场需要，企业赢利，再难的品种我们也要把它拿下来。”然而新品种上机后，遇到很大困难。由于涤纶长丝织物产生静电，造成经纱粘连，开口不清，纬纱通路不畅，设备运行效率不理想。面对难题，刘生友废寝忘食，加班加点，论证、比对不同的上机工艺，反复试验，终于优选出加大开口量、加高后梁、增大停经片跳动等方法，解决了织制涤纶长丝织物的技术难题，使上机效率超过计划值。

2003 年夏，多雨闷热。高温高湿对纺织企业正常生产极为不利。恰好这时企业接到了国外客户订单，需要生产一种新型府绸面料，经纬密度很大，质量要求极高，而且交货期非常紧。新品上机后，布面严重回退，机器开不起来，效率上不去，大家万分焦急。刘生友看在眼里，急在心里。为了解决技术难题，他干脆把被褥搬到车间，日夜守候在机器旁。他选择两台机器进行不同参数调试对比、观察分析，经过四个昼夜不断研究优选工艺，破解了技术难题，终于让停着的机器转了起来。这种优选后的工艺通过推广，使这个品种的生产效率达到93%以上，企业按期完成了交货任务。

无私奉献，不断提升精神境界

在平凡的保全工作岗位上，刘生友像老黄牛一样，一步一个脚印，无怨无悔地工作在生产第一线，又像一颗拧紧的螺丝钉，为了企业设备的正常运转，默默奉献着自己的才智和力量。

几十年来，他以厂为家，一心扑在工作上，对待工作认真负责、一丝不苟，不知加了多少次班，牺牲了多少个人休息时间。与工作相比，对自己的小家他就显得有些"漫不经心"了。家里的一扇窗子坏了，妻子让他抽空修修，这点事对他这个维修高手来说简直就是"小菜一碟"，可是妻子三番五次督促他快点动手，每次他都是先顾工作，家里的事一拖再拖。而对于工作，无论是白天还是黑夜，无论是在睡梦中还是在饭桌旁，他只要一接到厂里的电话，就像战士听到冲锋的号角一样，马上以最快的速度赶到出故障的机器旁，进入紧张的工作状态。

这些年来，刘生友的无私奉献也得到了领导和同事们的肯定——先后当选天津市劳动模范、全国纺织工业系统劳动模范和全国劳动模范；获得天津市五一劳动奖章和全国五一劳动奖章、第九届中华技能大奖；享受国务院政府特殊津贴；荣获"2008年纺织行业年度创新人物"称号……在荣誉、鲜花和掌声面前，他始终保持清醒的头脑。他没有把荣誉当作自己向组织伸手要职务、要待遇的资本，而是更加努力地工作。他认为，自己得到的所有荣誉不仅是他一个人的荣誉，更是企业的集体荣誉；没有领导的培养和同事们的团结协作，他肯定不能取得今天的成绩。在这种思想指导下，他多次拒绝其他企业和外商的高薪聘请，毫不动摇地坚守在平凡的岗位上。同时，他还把荣誉当作对自己的一种激励和鞭策，以更高的标准严格要求自己，发挥共产党员和劳动模范的先锋表率作用，吃苦在前，享乐在后，一直任劳任怨地工作在生产第一线。

为了做好传帮带工作，提高保全团队的整体水平，刘生友将自己多年积累的经验，利用业余时间编写成教材。他制定出一套织机调试保养及上轴操作规程和质量标准，总结出工艺部件最合适的尺寸规格，编写了《喷气织机调试工作法及规程要求》《喷气织机上轴操作方法》等资料，成为设备维修人员执行工艺、排除故障、翻改品种的必备依据。他定期对全体修机工、上轴工、包机工、保全工进行培训，现场演练操作技能，解答设备维修难题，耐心辅导每一位同事，使设备维修人员的技术水平得到了提高，带出了一支过硬的设备维修队伍。

撰稿：李振武、陈进。文前照片由吴迪拍摄，文内照片由天津天纺投资控股有限公司提供。